なぜ働いていると本が読めなくなるのか

三宅香帆
Miyake Kaho

a pilot of wisdom

目次

第二章　「教養」が隔てたサラリーマン階級と労働者階級——大正時代

第八章　仕事がアイデンティティになる社会——２０００年代

1　労働で「自己実現」を果たす時代

自己実現の時代／ゆとり教育と『13歳のハローワーク』／労働者の実存が労働によって埋め合わされる／余暇を楽しむ時間もお金もない

2　本は読めなくても、インターネットはできるのはなぜか？

ＩＴ革命と読書時間の減少／『電車男』とは何だったのか／インターネットの情報の「転覆性」／本は読めなくても、インターネットはできるのはなぜか？／情報も自己啓発書も、階級を無効化する

3　本が読めない社会なんておかしい

過去はノイズである／情報とは、ノイズの除去された知識である／読書は楽しまれることができるか？

図版作成／MOTHER

まえがき　本が読めなかったから、会社をやめました

気づけば本を読んでいなかった社会人1年目

ちくしょう、労働のせいで本が読めない！

社会人1年目、私はショックを受けていました。

子どものころから本が好きでした。読書の虫で、本について勉強したくて、文学部に進学した文学少女。でもあるとき、本を読み続けるにはある程度のお金がいることに気づいたのです。ハードカバーも文庫本も、買い続けるにはお金がかかりました。そこで就職活動をしたところ、運良くＩＴ企業に内定をいただけた。私はこれ幸いと就職しました。

はっきり言って、好きな本をたくさん買うために、就職したようなものでした。

しかし就職して驚いたのが、週に5日間毎日9時半から20時過ぎまで会社にいる、そのハードさでした。

――週5でみんな働いて、普通に生活してるの？　マジで？　私は本気で混乱しました。

……こんなことを言うと、社会人の先輩各位に怒られそうです。「いやいや9時半から20時くらい、働き方としてはハードじゃないでしょ」と苦笑されるでしょう。私も学生時代はそう思っていました。でも、やってみると案外それは疲れる行為だったのです。

歯医者に行ったり、郵便物を出したり、宅配の荷物を受け取ったりする時間が、まったくない。飲み会が入ってくると帰宅は深夜になる。なのにまた翌朝、何事もなかったかのように同じ時間に出社する。ただ電車に乗って出社し帰宅するだけで、けっこうハードだなあ、と感じました。

とはいえ、仕事の内容は楽しかったのです。会社の人間関係は良くて、やっていることも興味があって面白い仕事でした。

しかし――社会人1年目を過ごしているうちに、はたと気づきました。

そういえば私、最近、全然本を読んでない!!!

本を読む時間はあるのに、スマホを見てしまう

正直、本を読む時間はあったのです。電車に乗っている時間や、夜寝る前の自由時間、私はＳＮＳやＹｏｕＴｕｂｅをぼうっと眺めていました。あるいは友達と飲み会で喋《しゃべ》ったり、休日の朝に寝だめしたりする時間を、読書に充てたらいいのです。

だけど、それができなかった。本を開いても、目が自然と閉じてしまう。なんとなく手がスマホのＳＮＳアプリを開いてしまう。夜はいつまでもＹｏｕＴｕｂｅを眺めてしまう。

あんなに、本を読むことが好きだったのに。

そういえば最近書店にも行ってない。電子書籍も普及してきて、その気になればスマホで本が読める時代なのに。好きだった作家の新刊も追えていませんでした。なんだか自分が自分じゃないみたいだった。だけど翌朝電車に乗ると、またＳＮＳを見るだけで、時間が過ぎる。同級生は器用に趣味と仕事を両立させているように見えるのに。

私には無理でした。

働いていると、本が読めなくなるのか！

社会人1年目。そんな自分にショックを受けました。が、当時の私にはどうすることもできませんでした。

結局、本をじっくり読みたすぎるあまり――私が会社をやめたのは、その3年半後でした。

今の私は、批評家として、本や漫画の解説や評論を書く仕事に就いています。会社をやめたら、やっぱりゆっくりと本を読む時間がとれたのです。それゆえに今は、たくさん本を書く仕事ができている。ですが今の読書量は、あのまま会社員を続けていたら無理だっただろうな、と思います。会社で働きながら充分に本を読むことは、あまりに難しいからです。

本を読む余裕のない社会って、おかしくないですか?

こんな経験をネットに綴《つづ》ったところ、大きな反響がありました。私のもとに、さまざまな「私も働いているうちに本が読めなくなりました」という声が集まったのです。

本書『なぜ働いていると本が読めなくなるのか』は、2023年1~11月にウェブサイト集英社新書プラスで連載した内容に加筆修正したものです。ウェブ連載をしているとき、一番私のもとに集まった感想は、「自分もそうだった」という声でした。

「私も働き始めて、本が読めなくなりました」「私の場合は音楽ですが、働き始めるとなかなかバンドを追いかけられなくなりました」「本を読もうとしても、疲れて寝てしまって、資格の勉強ができないんです」

そんな声がたくさん、たくさん寄せられました。

「ああ、働いていると本が読めなくなるのは、私だけじゃなかったんだな」そう感じました。

そもそも日本の働き方は、本なんてじっくり読めなくなるのが普通らしいのです。そういう働き方がマジョリティなのです。たしかに週5日はほぼ出社して、残りの時間で生活や人間関係を築いていたら、本を読む時間なんてなくなるのが当然でしょう。

しかし――私は思うのです。

「いや、そもそも本も読めない働き方が普通とされている社会って、おかしくない!?」

AI時代の、人間らしい働き方

最初に伝えたいのが、私にとっての「本を読むこと」は、あなたにとっての「仕事と両立させたい、仕事以外の時間」である、ということです。

つまり私にとっての「本も読めない社会」。それはあなたにとっては、たとえば「家族とゆっくり過ごす時間のない社会」であり、「好きなバンドの新曲を追いかける気力もない社会」であり、「学生時代から続けていた趣味を諦めざるをえない社会」である、ということ。

私にとっては、読書が人生に不可欠な「文化」です。あなたにとってはまた別のものがそれにあたるでしょう。人生に必要不可欠な「文化」は人それぞれ異なります。

あなたにとって、労働と両立させたい文化は、何ですか？

たとえば「海外の言語を勉強すること」「大好きな俳優の舞台を観《み》に行くこと」「家族と一緒にゆっくり時間を過ごすこと」「行きたい場所へ旅行に行くこと」「家をきちんと整えて日々を過ごすこと」「やりたかった創作に挑戦すること」「毎日自炊したごはんを食べること」……など、自分の人生にとって大切な、文化的な時間というものが、人それぞれあるでしょう。そしてそれらは、決して労働の疲労によって奪われていいものではない。

もっと簡単に言うと、「生活できるお金は稼ぎたいし、文化的な生活を送りたい」のは、当然のことです。しかし、週5フルタイムで出社していると、それを叶《かな》えることは、想像以上に難しい。私はそれを社会人1年目で痛感しました。

私だけではないはずです。今を生きる多くの人が、労働と文化の両立に困難を抱えています。働きながら、文化的な生活を送る――そのことが、今、とっても難しくなっています。

ChatGPTが話題になり、AIが私たちの仕事を奪う、と言われている世の中で、私たち人間が生きる意味とは何でしょうか。仕事をただ長時間こなすだけのマシーンではなく、文化的な生活をしてこそ、人間らしい生き方をしていると言えるのではないでしょうか。しかし労働によって文化的な生活をする余裕がなくなっているのだとすれば……それこそ、そんな働き方はAIに任せておけ、と言いたくなります。

自分の興味関心や、生活によって生まれる文化があってこそ、人間らしい仕事が可能になる。

AI時代における、人間らしい働き方。

それは、「労働」と「文化」を両立させる働き方ではないでしょうか。

あなたの「文化」は、「労働」に搾取されている

労働と文化の両立の困難に、みんなが悩んでいる。

その根底には、日本の働き方の問題があります。

具体的な例を挙げましょう。

たとえばフルタイムで働いている男性が育児に関わろうとすると、「育児休業」を取れ、と言われるでしょう。しかし本来、育児は子どもが家を出るまで十数年以上続きます。が、労働と育児を両立させる働き方の正解は、いまだに提示されていないのです。

あるいはコロナ禍を経て、政府は副業を推奨しています。しかし週5フルタイムで働いている人がそれ以外に副業をしようと思ったら、過労になりかねないはず。なぜ私たちはフルタイムの労働時間を変えずに、副業を推奨されているのでしょう?

現代の労働は、労働以外の時間を犠牲にすることで成立している。

だからこそ、労働と文化的生活の両立が難しいことに皆が悩んでいる。

——これは、現代日本を生きる私たちにとって、切実で困難な悩みなのです。

労働と文化を両立できる社会のために

しかし、現代日本に文句ばかり言っていても、話は進みません。

本書はまず、「なぜ私たちはこんな悩みを抱えているのか」という問いに挑んでみます。キーになるのは、近代以降の日本の働き方と、読書の関係です。あらゆる文化のなかでも、読書の歴史は長い。明治時代から日本人は読書を楽しんできました。さらに読書は、自分の人生を豊かにしたり楽しくしたりしようとする自己啓発の感覚とも強く結びついています（これについては第一章で詳しく書きます）。だからこそ労働と読書の関係の歴史を追いかけることによって、「なんで現代はこんなに労働と読書が両立しづらくなっているのか？」という問いの答えが導き出せるはずです。

そして最終的に本書は、「どうすれば労働と読書が両立する社会をつくることができるのか」という難題に挑みます。ぜひ最終章までたどり着いて、私の回答を読んでみてください。

本書は、日本の近代以降の労働史と読書史を並べて俯瞰《ふかん》することによって、「歴史上、日本人はどうやって働きながら本を読んできたのか？　そしてなぜ現代の私たちは、働きながら本を読むことに困難を感じているのか？」という問いについて考えた本です。

どうすれば私たちは、働きながら、本を読めるのでしょう。

その問いを突き詰めると、結局ここにたどり着きます。

どういう働き方であれば、人間らしく、労働と文化を両立できるのか?

——私は、あなたと一緒に、真剣に「働きながら本を読める社会」をつくりたいのです。

これから、一緒に考えましょう。

なぜ働いていると本が読めなくなるのか?

序章　労働と読書は両立しない？

労働と読書は両立しない？

麦「俺ももう感じないのかもしれない」
絹「……」
麦「ゴールデンカムイだって七巻で止まったまんまだよ。宝石の国の話もおぼえてないし、いまだに読んでる絹ちゃんが羨《うらや》ましいもん」
絹「読めばいいじゃん、息抜きぐらいすればいいじゃん」
麦「息抜きにならないんだよ、頭入んないんだよ。（スマホを示し）パズドラしかやる気しないの」

絹「……」

麦「でもさ、それは生活するためのことだからね。全然大変じゃないよ。(苦笑しながら)好きなこと活《い》かせるとか、そういうのは人生舐《な》めてるって考えちゃう」

(坂元裕二『花束みたいな恋をした』)

生活するためには、好きなものを読んで何かを感じることを、手放さなくてはいけない。そんなテーマを通して若いカップルの恋愛模様を描いた映画『花束みたいな恋をした』は、2021年(令和3年)に公開され、若者を中心にヒットした。私自身は主人公の年齢とほぼ同い年なのだが、面白く観たし、なにより働いている同年代の友人たちが「最近観た映画のなかで一番身につまされたよ……」となんとも言えない表情で感想を語っていたのが印象的だった。実際、ネットでもずいぶん熱心な感想を書く人は多かった。

この映画の主人公は、麦と絹という一組のカップルである。大学生のときに出会い、小説や漫画やゲームといった文化的趣味が合ったふたりは、すぐに恋人になる。しかし同棲《どうせい》し就職するなかでふたりの心の距離は離れていく。とくに会社の仕事が忙しくなった麦は、それまで好きだった本や漫画を読まなくなる。そんな麦に、絹は失望を抱えるようになる。

『花束みたいな恋をした』において、長時間労働と文化的趣味は相容《あいい》れないものとされる。麦は営業マンとして夜遅くまで働く一方、絹は残業の少ない職場で自分の趣味を楽しんでいる。ふたりのすれちがいが決定的になるのは、絹が出張に行く麦に、芥川賞作家の滝口悠生《ゆうしょう》の小説『茄子《なす》の輝き』を手渡すシーン。麦はそっけなく受け取り、出張先でも本を乱暴に扱うさまが映し出される。一見よくある若いカップルの心の距離を描いた物語だが、このストーリーの背後には、「労働と、読書は両立しない」という暗黙の前提が敷かれている。

　実際、私の友人たちが「身につまされた」と語っていたのは、麦と絹の恋人関係そのものよりも、麦の読書に対する姿勢だった。「働き始めた麦が本を読めなくなって、『パズドラ』（「パズル&ドラゴンズ」の略称。大ヒットしたゲームアプリ）を虚無の表情でやっていたシーン、まじで『自分か?』と思った」と友人たちは幾度も語った。働き始めると本が読めなくなるのは、どうやら映画の世界にとどまらない話らしい。

　私は、この作品を観たとき映画としての作劇や演技の完成度に感嘆しながらも、こう感じた。この映画がヒットした背景には「『労働と読書の両立』というテーマが、現代の私たちにとって、想像以上に切実なものである」という感覚が存在しているからではないだろうか？と。

速読、情報処理スキル、読書術

実際、映画で描かれていたとおり、現実においても人々は「労働」と「読書」の間で悩んでいる。それを象徴するのがAmazonの「読書法」ランキングだ。

この分野の売れ筋ランキングを覗《のぞ》いてみると、『独学大全―絶対に「学ぶこと」をあきらめたくない人のための55の技法』（読書猿、ダイヤモンド社、2020年）、『忘れる読書』（落合陽一、PHP新書、2022年）、『瞬読―1冊3分で読めて、99％忘れない読書術』（山中恵美子、SBクリエイティブ、2018年）など、さまざまな読書法や学習法の書籍が並んでいる。現代の読書法には、読書を娯楽として楽しむことよりも、情報処理スキルを上げることが求められているのだ。それがよく分かるタイトルの並びではないだろうか。

たしかに私が書店に行っても、速読本はいつでも人気で、「東大」や「ハーバード大学」を冠した読書術本が棚に並び、ビジネスに「使える」読書術が注目されている。「速読法」や「仕事に役立つ読書法」をはじめとして、速く効率の良い情報処理技術が読書術として求められている。それは多くの人が「労働と読書の両立」を求める結果ではないだろうか。

2022年に集英社新書から『ファスト教養―10分で答えが欲しい人たち』（レジー）が刊行

されたが、「ファスト教養」が求められる背後にもまた、現代の労働をとりまく環境が影響していることが指摘されている。『花束みたいな恋をした』に象徴的であるように、娯楽としての読書の変化は、労働の在り方が変化していることに明らかに影響を受けている。

社会の格差と読書意欲

冒頭に紹介した映画『花束みたいな恋をした』の麦と絹の対比には、「労働環境が異なる」特徴以外に、もう一点気になる差異がある。

それは麦と絹の階級格差だ。麦は地方の花火職人の息子であり、仕送りが止められる場面も描かれる。しかし絹は都内出身で、親は広告代理店に勤め、オリンピック事業にも関わっている。この出身の格差は、麦と絹の労働の対比にも影響をもたらしている。つまり、この映画は「読書の意思の有無が、社会的階級によって異なる」ことを描いた物語にも読めてくるのだ。

実はこれと同じ話が、Amazon「読書法」カテゴリランキングの1位を飾る『独学大全』にも書かれている。

勉強本を買うほどに、学ぶことに関心を持つことができた者は、それだけ恵まれているということだ。現代では、格差はまず動機付けの段階で現れる（原文注3）。そのことを薄々感じるからこそ、学ぶ動機付けを持てなかった者は「勉強・学問なんて役に立たない」と吐き捨てるだけで済まさず、僻《ひが》み根性を拗《こじ》らせて、幸運にも動機付けを持てた〈めぐまれた連中〉に嫌がらせまでするようになる。これに対して、そうした連中を見下したい〈意識の高い連中〉は、自分が学ぶ動機付けを持った人間だと思いたい一心で、あれこれの勉強本を買い漁る。

（原文注3：苅谷剛彦『階層化日本と教育危機—不平等再生産から意欲格差社会《インセンティブ・ディバイド》へ』有信堂高文社、2001年）

つまり読書しようと思う意思の有無に、社会の階級格差が影響を及ぼしている、ということである。

もちろん、『花束みたいな恋をした』の麦が「スマホのゲームならできるけど、本や漫画は読めない」と述べたときの「本や漫画」は、勉強というよりも文化的な娯楽、という意味だ。しかし『独学大全』が述べる「勉強・学問」と、『花束みたいな恋をした』の指す「ゴールデンカムイ」や「宝石の国」が離れたものであるとは私には感じられない。というか、ほぼ同じもの――自分の余暇の時間を使って文化を享受しようとする姿勢――だろう。

『花束みたいな恋をした』の麦と絹の、文化的趣味に触れる姿勢の背後にある階級格差は、『独学大全』の指摘する、勉強・学問に触れる姿勢の背後にある階級格差と同様のものではないだろうか。そしてそれがどちらも2020～21年に指摘された問題であることは、決して偶然ではないだろう。

「はたらけどはたらけど猶《なお》わが生活《くらし》楽にならざりぢつと手を見る」……と詠んだのは明治時代の石川啄木《たくぼく》だったけれど、現代でもやっぱり、はたらけどはたらけど、暮らしは楽にならない。それどころか、私たちは本を読む余裕さえなくなっている。暮らしは社会の格差を反映するし、その暮らしは本を読む時間すら、手に入れさせてくれない。

日本人はいつ本を読んでいたのか

ここまで見てきたように、現代に生きる私たちは「労働と読書の両立」に苦しんでいる。

それではこれまで働く日本人は、労働と読書を両立できていたのだろうか？

というのも「日本といえば長時間労働」と、現代に限らず評されてきた。そのような状況下で、日本人はこれまで読書とどう向き合ってきたのだろうか。

単純に考えると、現代は法律や制度が整備され、100年前に比べて労働環境は改善されているはずだ。しかし、文化的趣味を享受する時間が取れない、という嘆きは100年前より現代のほうがむしろ強まっているように感じる。こうした矛盾が生まれる背景には、なにがあるのだろう。

そもそも日本人の近代的な読書習慣は、明治以降にはじまった。詳しくは後述するが、そこには明治政府の思惑も絡んでいた。つまり日清・日露戦争後の政府は、文明国としての文化・教育水準を高めるために読書を推奨した。一部エリート層ではなく、国民全体の知的水準の向上のために、読書という趣味に白羽の矢が立ったのだ。

小学校卒業以降の青年たちの学力低下を防ぎ、文化的水準を保つために明治政府は「読書国民」の創出を国家の課題とした。かくして日本人の「読書国民化」が、国家主導で達成された、ということになっている。

しかし、不思議だと思わないだろうか。日本人は戦前すでに長時間労働が問題になっていた。一方、戦前の日本は読書が推奨されたという。はたしてこれまでの日本人は、いったいいつ本を読んでいたのか？

「残業国民」でありながら「読書国民」である日本人。困難に見える労働と読書の両立関係は、なぜ生まれたのだろう？

それでは、時計の針を明治時代まで戻そう。

第一章　労働を煽《あお》る自己啓発書の誕生
――明治時代

1　自分の好きな本を読めるようになった時代

日本の長時間労働の幕開け

日本の労働が現代の様式と近くなったのは、明治時代――日本が江戸幕府から明治政府へその政権を移し、そして欧米から取り入れた思想や制度によって近代化を成し遂げようとする時代のことだった。

そもそも「労働」という言葉が使われ始めたのも、明治時代になってからだった。翻訳語で「労働」という言葉が広まり始めたころ、日本人の働き方はすでに長時間労働の傾向にあった。

『仕事と日本人』（武田晴人）によると、明治時代の日本の工場労働者たちは、農民時代と比較して長時間働くようになっていた。

西欧での残業に対する考え方と比べると、日本では残業は一般化していたようです。先ほどの日本工業協会の資料によると、一九三七年に東京の工場ではかなりの長時間の残業が観察されています。この年は、まだ本格的に戦争経済には突入していない時期です。戦前の日本経済の状況のなかでは、平時の経済発展の頂点にあると見なされることが多い、そういう基準になるような年です。

この年の調査によると、一日の平均残業時間は二時間前後で、染織（繊維）工業や機械器具工業の男子では三時間に近く、最長では化学工業の一二時間、これは昼夜連続して交替勤務を通しで働いたということでしょう。

（『仕事と日本人』）

武田はこのような状況の背景に「労働組合が弱かったこと」「残業による割増賃金が魅力的だったこと」があったと指摘する。[*1]

明治時代にあって石川啄木はすでに「最近はみんな忙しそうにしている、日本人はどんどんせっかちになっている」と嘆いていた。

意地の悪い言い方をすれば、今日新聞や雑誌の上でよく見受ける「近代的」という言葉の意味は、「性急《せっかち》なる」という事に過ぎないとも言える。同じ見方から、「我々近代人は」というのを「我々性急《せっかち》な者共は」と解した方がその人の言わんとするところの内容を比較的正確にかつ容易に享《う》け入れ得る場合が少くない。

（「性急な思想」1910年、『石川啄木集』上巻所収）

労働という概念が輸入され、工業化が進み、それにともない労働時間も増えていった明治時代。おそらく当時の人々はせっかちにならざるをえなかった。せわしない人々の背後には、急速な時代の変化があった。

句読点と黙読によって本が読みやすくなった

そんな明治時代初期に読書界に起きた革命と言えば、「黙読」が誕生したことだ。

江戸時代、読書といえば朗読（！）だったのだ。当時、本は個人で読むものではなく、家族で朗読し合いながら楽しむものだった。実際、森鷗外が『舞姫』を書き上げたとき、家族の前で朗読したエピソードが残っているが、これは江戸時代の文化が存在していたから成立する話だ。それにしたってあの『舞姫』を家族に朗読する鷗外の神経には驚くばかりだが……。

明治時代になってはじめて、黙読という文化が生まれた。当時、活版印刷によって大量に書籍が印刷できるようになり、大量の書籍が市場に出回る。すると個人の趣向に合わせた読書が誕生した。

明治時代の技術革新と精神の変化があってはじめて、日本人は「自分の読みたいものを読む」という趣味を得たのである。

黙読は日本語の表記も変えた。黙読の普及によって「もっと目で読みやすい表記をつくり出す」という目標が出版界に生まれた。そうして普及したのが句読点である。句読点の使用が急速に増加したのは明治10年代後半~20年代のことだった。

明治時代に活版印刷が日本で普及し、それにともなう表記の変更により、本は急速に読みやすいものとなった。

本が市場に出回り、たくさんの人に読まれるようになると、本を手にする環境も変化する。書店の興隆はもちろん、図書館や古書店の登場によって、明治時代に本というメディアは一気に広まった。このような環境の変化によって、現代の私たちが想像する「読書」は明治時代にはじめて生まれた。

「自分のニーズに合った読書をする」図書館文化

明治時代、図書館の登場は日本人の読書習慣に大きな影響を与えた。日本の図書館史について研究する永嶺《ながみね》重敏は「図書館での読書体験を通じて、人々は近代的な読書習慣を獲得した」と語る。

これに対し、図書館では冊数制限こそ設けられていたものの、利用者は各自の読書興味に応じてあらゆるジャンルの多様な書物を好きなだけ読むことが可能であった。

（『〈読書国民〉の誕生―明治30年代の活字メディアと読書文化』）

好きな本を、好きなだけ借りることができる。それが図書館の効用だった。しかし永嶺いわく、明治時代の図書館の利用者の大半は学生にとどまっていたらしい。

明治時代の文学を読むと、たしかにその様子はうかがえる。たとえば夏目漱石の『三四郎』

（1908年）には東京帝国大学の図書館が登場する。

主人公の三四郎が、大学図書館に行って本を借りる。しかし彼はそれを熱心に読むわけではない。ただ「ほかの人が読んでいない本はないか」見るだけで終わるのだ。三四郎の「読書」への憧れと距離を感じるエピソードである。


三四郎は一年生だから書庫へ這入《はい》る権利がない。仕方なしに、大きな箱入りの札目録を、こごんで一枚々々調べて行くと、いくら捲《めく》っても後から新しい本の名が出て来る。仕舞に肩が痛くなった。顔を上げて、中休みに、館内を見廻すと、さすがに図書館だけあって静かなものである。しかも人が沢山いる。そうして向うの果《はずれ》にいる人の頭が黒く見える。眼《め》口《くち》は判然しない。高い窓の外から所々に樹《き》が見える。空も少し見える。遠くから町の音がする。三四郎は立ちながら、学者の生活は静かで深いものだと考えた。それでその日はそのまま帰った。

次の日は空想をやめて、這入ると早速本を借りた。然《しか》し借り損《そく》なったので、すぐ返した。後から借りた本はむずかし過ぎて読めなかったから又返した。三四郎はこう云う風にして毎日本を八九冊ずつは必ず借りた。尤もたまには少し読んだのもある。三四郎が驚いたのは、どんな本を借りても、きっと誰か一度は眼を通していると云う事実を発見した時であった。それは書中此処彼処《ここかしこ》に見える鉛筆の痕《あと》で慥《たし》かである。ある時三四郎は念の為め、アフラ、ベーンと云う作家の小説を借りてみた。開けるまでは、よもやと思ったが、見るとやはり鉛筆で丁寧にしるしが付けてあった。この時三四郎はこれは到底遣《や》り切れないと思った。

（『三四郎』）

私はなんともこの場面が好きなのだ。これが図書館という場所の意味を、端的に描いた場面だからだと思う。

九州の田舎から上京し、大学に入ったばかりの三四郎は、こんな大量の本を目にしたことがなかった。いくら読んでも新しい本がまだある。そして自分以外の人が、大量の本を読んでいる。それは現代よりもさらに新鮮な驚きだっただろう。

明治時代に図書館で大量に本を借りて読むような趣味は、エリート学生をはじめとするインテリ層の男性のものだった。しかしそのインテリ男性にとってすら、自分の読みたい本を「選んで」読むのは、きわめて新鮮で目新しい行為だった。夏目漱石はその様子を『三四郎』において端的に描き出している。

ちなみに、地方の各町村に図書館が登場するのは、大正時代まで待たなくてはいけなかった。日露戦争後の地方改良運動によって、日本の地方の図書館は飛躍的に増えた。とくに地方にも各町村に図書館をつくることが決まってからは、なんと日本の図書館の数は10年間で4倍になった。「特定階級のための図書館ではなく、町村部の一般庶民のための図書館」の登場――大正時代になってはじめて、階級や地域に関係のない読書の習慣が広まる。だが、明治時代、まだ読書はインテリ層の男性のものだった。

2 日本初の男性向け自己啓発書『西国立志編』

「仰げば尊し」と立身出世

ところで、あなたは「仰げば尊し」を歌ったことがあるだろうか？

「仰げば尊し、わが師の恩」という言葉からはじまる歌詞なら知っているという人もいるかもしれない（ちなみに私は高校の卒業式で歌った思い出がある）。

「学校を卒業した後、教師に教わった恩を忘れず、出世するべく頑張れ」と鼓舞する歌である。

なかでも注目すべき歌詞はここだ。

「身をたて名をあげ　やよはげめよ」

そう、なにはともあれとにかく「身をたて、名をあげ」ること。それが、「仰げば尊し」の望む学校を卒業した後の若者像である。幸せになるとか健康でいるとかそんなことより、まず、立身出世し、名声を得ることが重要なのだ。

なんだか言葉は古臭いわりに、現代的な競争社会を煽る価値観の歌だなと思われるかもしれない。しかし実はこの歌、１８８４年（明治17年）にはすでに小学唱歌集（音楽の教科書）に収録されていた。昭和や平成ではなく、１００年以上前、実は明治時代の教育的価値観が反映されている歌詞なのである。

明治の日本は、職業選択の自由、そして居住の自由が唱えられた。それまで住む場所すら選べなかった青年たちは、田舎から都会へ出て、そして出世し手柄を上げる夢を見るようになる。江戸時代は武士が立身、町人が出世、とそれぞれの身分に合った野心にとどめられていたのに対し、明治時代はそのふたつが重なるところに野心を持つことができる時代だった。たとえば明治政府の出した「五箇条の御誓文」（明治元年）や「学制被仰出書《おおせいだされしょ》」（明治5年）を眺めてみても、これは「身分ではなく実力によって出世することができることを押し出した政府文書」であることが分かる。竹内洋は明治時代の価値観について以下のように解釈した。

> 武士の立身と町人などの庶民の出世という分節化は終わり、立身出世というひとつながりの言葉が使用されるようになる。立身出世を志向する態度に価値（望ましさ）が付与され、志を立て広い世間で出世し、故郷に錦を飾る人間への焚《た》きつけがおこった。立身出世主義の時代が開幕したのである。
>
> （『立身出世主義―近代日本のロマンと欲望』、傍点は原文ママ、以下同）

「仰げば尊し」の歌がつくられたのは、まさに「身をたて名をあげ　やよはげめよ」――「立身出世主義の時代」がはじまったころのことだった。

そして出版業界においても、はじめて立身出世を煽るベストセラーが誕生した。

明治時代のミリオンセラー

ベストセラーとは、時代の空気にベストタイミングで合致した本を出したときにだけ起こる、台風のようなものだと私は考えている。そうだとすれば以下で取り上げる書籍は、立身出世主義が加速していったそのエンジン音とともに、ベストセラーに駆け上がった一冊だ。

『西国立志編』——イギリスのスマイルズの著作を中村正直が翻訳した書籍が、明治初期に大ベストセラーとなる。

日本の歴史に詳しい方であれば、「え、明治時代の立身出世を説いたベストセラーといえば、『学問のすゝめ』じゃないの?」と思われた方もいるかもしれない。たしかに福沢諭吉の『学問のすゝめ』は明治初期のベストセラーだ。しかしそれは県庁から区長を通して各区に一定数が割り当てられ、公的な流布もおこなわれたからこそのヒット作なのである(前田愛『近代読者の成立』)。まるで教科書を無理矢理生徒に買わせて売り上げを増やす教授のような手法だと思う。

しかし1871年(明治4年)に刊行された『西国立志編』は、『学問のすゝめ』よりもさらに売れた。明治時代も終わりに差し掛かると出版部数の伸びが落ちた『学問のすゝめ』に対し、なんと『西国立志編』は大正時代に至るまでベストセラーの地位を維持している(大澤絢子《あやこ》『「修養」の日本近代—自分磨きの150年をたどる』)。明治末までに100万部は売ったらしい。

まだ人口5000万人だった日本において、驚異の売り上げだ。

“Self-Help”と自助努力の精神

同書はイギリスのベストセラー“Self-Help”を翻訳した書籍である。ページを捲ると、そこには300人以上の欧米人の成功談がひたすら挙げられている。たとえばニュートン、ナポレオン、ウェッジウッドなど、欧米の成功者の伝記を教訓とともに収録している。

たとえば、イギリスの発明家であるジェームズ・ワット（電力の「ワット数」の由来となる人物だ）の章を覗いてみよう。

ワット（James Watt）は、最も勉強労苦せる人と称すべし。その生平の行跡を観るときは、絶大のことを成し、絶高の功を収むるものは、天資（生まれつき）、大気力あり大才思ある人にはあらずして、絶大の勉強をもって、極細の工夫を下し、慣習経験によりて、技巧の知識を長ずる人にあることを知るべきなり。この時にあたり、ワットよりすぐれて知見の広き人は、あまたありしかども、勉強を居恒（ふだん）の習いとして、およそその知るところのものを、有用の実物練習に運転すること、ワットのごときものは、一人もなかりけり。

なかんずくその心思、もっとも恒久忍耐にして、真証実験を求むることをもって務めとし、また常に勤めて心思を用うることを習い養えり。

（サミュエル・スマイルズ著、中村正直訳『西国立志編』）

「心思を用うる」は「精神力を使う」の意味。つまり「ワットは天才だったわけではなく、勉強を習慣にして、勤勉に頑張り、忍耐力のある精神を身につけていたからこそあんな大発明ができたのだ」と書かれてある。才能や身分ではなく、自分の努力が大切。それがワットから学ぶ成功の秘訣《ひけつ》らしい。

ここにはさまざまなサクセスストーリーが載っているが、ほとんどが「身分や才能ではなく、自分で努力を重ねたからこそ成功した」という教訓で締められている。身分ではなく日々の努力によって彼らは成功した。それしか言っていないに等しい。原題は"Self-Help"、つまり「自助努力」。内容を端的に表現した秀逸なタイトルだ。この本が世界中でベストセラーになった理由はその偉人のセレクトにあった。貴族は入れずに、あえて「ふつうの市民からなり上がった人」のみの伝記集にしたのだ（渡部昇一「中村正直とサミュエル・スマイルズ」、講談社学術文庫版

『西国立志編』所収)。

たしかに、同書の元ネタは、労働者階級の青年たちに向けた講演だった。だからこそイギリスにとどまらず、日本をはじめとして、世界中の労働者階級の青年たちに「貧乏でも、環境に恵まれなくとも、勤勉に努力すれば成功できる!」という教訓が刺さったのだろう。労働者階級の立身出世物語。それが当時の世界的ベストセラーの内容だったのだ。

3　修養ブームの誕生と階級格差

「ホモソーシャル」な「自己啓発書」の誕生

『西国立志編』は「修養」という言葉を日本ではじめて使った書籍である。Cultivation や culture、cultivate といった「勤勉」や「努力」という単語を、中村は「修養」と訳した。『西国立志編』のベストセラー化によって、「環境に頼らず自分で修養しよう」という思想が明治時代には広まっていった。

しかし同書を現代の私たちが読むと、そのホモソーシャルな空気に驚く。というのも自助努力を説くうえで登場するのはほぼすべて男性である。そこに女性の介入する余地はない。さらに同書に登場する成功者たちは、家庭などを顧みる時間もなく、ただただ立身出世のために努力を重ねる姿が描かれる。そのような男性権威的な世界観でマッチョイズムな努力を説く『西国立志編』は、日清・日露戦争へと向かう当時の日本の時流にも合致していた。竹内は『西国立志編』を「立身出世の焚きつけ読本」と呼んだ（前掲『立身出世主義』）。実はその後、明治時代の著名な男性——幸田露伴、渋沢栄一、村上俊蔵など各界の男性たち——が何人も「影響を受けた読書」として、同書を挙げる。『西国立志編』がいかに立身出世を目指す男たちのバイブルであったか、よく分かる。

『西国立志編』が打ち出す「修養」の思想は、どこか現代の自己啓発書ジャンルに通じるところがある（大澤、前掲『「修養」の日本近代』）。現代の自己啓発書の研究をする牧野智和《ともかず》は、「自己啓発書は男性中心的なメディア」であることを指摘しているが（『自己啓発の時代—「自己」の文化社会学的探究』）、まさにその源流は明治時代からはじまっていたのだ。

つまり、現代の自己啓発書にも通じる「男性たちの仕事における立身出世のための読書」の源流はまさにここにあった。

働く男性社会と、成功するための心構えを説く成功譚《たん》は、ここですでに一緒になり、「自己啓発書」というベストセラージャンルをつくり出していた。

ビジネス雑誌の流行

明治時代後半、「修養」を説く書籍や雑誌がブームとなる。1897年（明治30年）に創刊された「実業之日本」や、1902年（明治35年）に創刊された「成功」は、「修養」を大きく取り上げ、人気の雑誌となった（三上敦史「雑誌『成功』の書誌的分析─職業情報を中心に」）。「成功」は政官財界あるいは教育界の著名人に「成功の秘訣」を寄稿してもらい、働く青年たちに「修養が大切だ」という価値観を広めた。ちなみに読者はノンエリートの労働者階級の男性が中心だった（雨田英一「近代日本の青年と『成功』・学歴─雑誌『成功』の『記者と読者』欄の世界」）。

雑誌「成功」の表紙には、英米の偉人たちの肖像が描かれるのが通例であった。創刊号にはリンカーンの横顔が描かれている。さらに「成功」の雑誌名の由来も、当時アメリカで流行していた雑誌“SUCCESS”によるものだった（大澤、前掲『「修養」の日本近代』）。そう、明治時代の「修養」を押し出した雑誌は、欧米の自己啓発思想を輸入して流行した。

また書籍においても、欧米の自己啓発ジャンルの書籍の翻訳は、多く売れていた。たとえば1907年（明治40年）に刊行された『快活なる精神』（マーデン著、波多野烏峰訳、実業之日本社）

はよく売れた。

マーデンの著作では、ポジティブに行動することで成功するという、精神の明朗さと実業の成功をつなげて語られる。これらの書籍は、19世紀末からアメリカで流行した「ニューソート」という思想をもとにして綴られた。この「ポジティブ思考信仰」とも言えるニューソート由来の思想は、デール・カーネギーの『人を動かす』やナポレオン・ヒルの『思考は現実化する』といった、現代でもベストセラーとなっているアメリカの自己啓発書を生み出すに至る。このようなジャンルの先駆けであったマーデンの著作は、すでに明治時代、日本で流行していたのだ。

「自己啓発書の流行」というと現代において最近はじまったもののように感じられる。しかしその源流は明治時代にすでに輸入され、「成功」「修養」といった概念とともに日本の働く青年たちに広まっていたのである。

『西国立志編』からはじまり、「成功」などの雑誌に至るまで、欧米の自己啓発思想の輸入は、日本のベストセラーをつくり続けていた。

自己啓発書をめぐる日本の階級格差

折しも明治時代後半、日本でも産業革命が起きていた。「富国強兵」を掲げる明治政府のもとで、欧米の産業革命にならう形で、日本においても重工業が飛躍的に発展する。鉄道の整備や鉱業の発展には労働力が必須だった。それまで農業に従事していた男性たちに、重工業を担う働き手となってもらう必要があった。

その労働の様子は、ジャーナリストの横山源之助が著した『日本之下層社会』（1899年）に克明に綴られている。横山によると、なんと鉄工業労働者は1日13～16時間も働いていたのだ。横山は長時間労働を問題視する姿勢を見せていた。しかし労働者たちの待遇が改善されるのはもう少し先のことだった。

そのような労働環境のなかで、「成功」や「実業之日本」といった雑誌は、工場の図書室に置かれた。[*2]工場で働く労働者たちは、これらのビジネス雑誌に職場で触れていたのだ。明治時代の読書といえば、インテリ層の男性たちによる文芸書の読書が思い浮かぶかもしれない。しかし実は雑誌や自己啓発書を中心として、労働者階級にも読まれる書籍は存在していたのである。

ちなみに当時のインテリ層による自己啓発雑誌へのまなざしは、意外にも夏目漱石の小説に刻まれている。夏目漱石の『門』において、主人公の宗助が歯医者へ寄った場面。歯医者の待合室に「成功」が置いてあった。

> 宗助は大きな姿見に映る白壁の色を斜めに見て、番の来るのを待っていたが、あまり退屈になったので、洋卓の上に重ねてあった雑誌に眼を着けた。一二冊手に取って見ると、いずれも婦人用のものであった。宗助はその口絵に出ている女の写真を、何枚も繰り返して眺めた。それから「成功」と云う雑誌を取り上げた。その初めに、成効《ママ》の秘訣というようなものが箇条書にしてあったうちに、何でも猛進しなくってはいけないと云う一カ条と、ただ猛進してもいけない、立派な根底の上に立って、猛進しなくってはならないと云う一カ条を読んで、それなり雑誌を伏せた。「成功」と宗助は非常に縁の遠いものであった。宗助はこういう名の雑誌があると云う事さえ、今日まで知らなかった。
>
> （『門』、『夏目漱石全集6』所収）

『門』は日本が日米新通商航海条約を結んで条約改正を達成した1911年（明治44年）に刊行された。ちょうど産業革命の時代の出来事である。

しかし大学を中退した後、公務員として働く宗助は、「成功」の文字を「縁の遠いもの」と感じる。それは宗助のようなインテリ層からして、実学のヒントや成功の秘訣を説く明治時代の空気感が、ひどく遠いものだと思えるということだろう。――ここに、明治時代の働く男性間の階級格差を見出《みいだ》すことができる。

自己啓発的な雑誌を「そんなものがあることすら知らなかった」と、ひややかな目で見るエリート男性。……これはまさに現代でもしばしば見られる現象ではないか。

序章に挙げた『ファスト教養』は、自己啓発書やビジネス書をエリート層がひややかに見つめる様子について触れている。だがさかのぼれば明治時代、夏目漱石の『門』においても、同じように「成功」と冠する自己啓発的ビジネス雑誌を、エリート層にいる宗助は、縁遠いものとして見つめている。宗助は「何でも猛進しなくってはいけないと云う一カ条」と「ただ猛進してもいけない、立派な根底の上に立って、猛進しなくってはならないと云う一カ条」を読んで、雑誌を伏せる。それはまさに明治時代の立身出世を目指す男性たちを、自分とは異なる階層の人間であると感じたからではないか。

実は「自己啓発書」をめぐる日本の階級格差の物語は、明治から令和に至るまで、ずっと再生産されている。

明治時代、「成功」というビジネス雑誌が、一方では大阪の工場の図書室で読まれ、一方では東京の歯医者の待合室で眺められる。一方ではおそらく「それしか読む雑誌がなかった」人間がおり、一方では「そんな雑誌があることさえ知らなかった」人間がいる。それは同じ男性の間でも、日本の階級格差がたしかに存在していた証《あかし》ではないか。

考えてみれば、序章で挙げた『花束みたいな恋をした』もまた、自己啓発書をめぐる日本の階級格差の物語が挿入されていた。麦と絹が書店に行くシーンでのことだ。

絹は自分が好きな文芸誌「たべるのがおそい」を見つけ嬉《うれ》しそうに手に取る。一方、麦は自己啓発書コーナーで前田裕二の『人生の勝算』を立ち読みする。東京生まれで親も裕福な絹は、地方生まれで仕送りをもらえない麦が自己啓発書を手にすることに、否定的な反応をする。はっきり言って、絹から麦への視線には「こないだまで文化的な趣味を持っていた彼氏が、今は自己啓発書を読んでいるなんて、ちょっとかっこわるい」というささやかな蔑視すら感じる。

――しかしどうやらそれは現代だけの問題ではないらしい。夏目漱石の『門』から続く、日本の労働と読書をめぐる問題なのである。

第二章　「教養」が隔てたサラリーマン階級と労働者階級

——大正時代

1　大正時代の社会不安と宗教・内省ブーム

効率重視の教養は、今にはじまったことなのか？
毎月、現代を切り取るテーマを扱う雑誌「中央公論」。同誌が２０２３年１月号に掲げたテーマは、これだった。

特集「効率重視の教養は本物か」

インターネットが普及して以降、情報収集やコンテンツ受容のあり方は様変わりしている。

ＳＮＳや動画などを駆使することで手軽に知識が得られるメリットは大きいが、他方でそこに落とし穴はないだろうか。

従来の教養とは異なる価値観の台頭について、多様な立場から考えてみたい

書籍や雑誌の時代から、インターネットの時代を経て、現在「効率重視の教養」が台頭している——そのような主張をなす特集だ。

これは本書の序章で指摘した、読書法や速読術などの流行が示しているものとほぼ同様の現象だろう。同じく「効率重視の教養」の存在を指摘するのは、２０２２年（令和４年）刊行の新書『ファスト教養』である。同書は昨今の「教養」が、ビジネスの競争社会と紐《ひも》づく商品となっていることに注目する。

手っ取り早く何かを知りたい。それによってビジネスシーンのライバルに差をつけたい。そうしないと自分の市場価値が上がらない。成長できない。競争から脱落してしまう……。

今の時代の「教養が大事」論は、そんな身も蓋もない欲求および切実な不安と密接に結び付いている。ビジネスで役に立つ知識としての教養、サバイバルツールとしての教養。

そういう風潮と歩調を合わせるかのごとく、中田敦彦は自身のYouTubeチャンネルを「新時代を生き抜くための教養」と銘打ってスタートさせ、堀江貴文は自著で「骨太の教養書を読め」と煽る。

現代のビジネスパーソンは、なぜ「教養が大事」というかけ声に心を揺さぶられてしまうのか。

（『ファスト教養』）

たしかに昨今の「教養」と銘打った書籍には、「ビジネスに役立つ」といった言葉が付されていることが多い。しかし一方で、そのような「効率重視」の教養の在り方は、はたして今にはじまったことなのだろうか。つまりインターネットが登場する以前の教養、あるいは『ファスト教養』が指摘する「今の時代」より前の教養は、はたして「効率重視」ではなかったのか。もっと言ってしまえば、働きながら読書する人々が、効率を求めていない時代があったのだろうか？

この問いを考えるために、インターネットがこの世に登場するより遥《はる》か昔、大正時代までさかのぼりたい。まさに雑誌「中央公論」がエリート層に「教養」を提供していた時代のことである。

「中央公論」のような総合雑誌が流行し、「教養」という言葉が浸透し始めた大正時代。当時生きていた労働する人々は、教養、そして読書といかに向き合っていたのだろうか。

読書人口の増加

大正時代、日本の読書人口は爆発的に増大した。

前述のとおり、日露戦争後、国力向上のために全国で図書館が増設された。小学校を卒業した人々の識字率を下げないために採用された手段が、読書だった。地方に至るまで日本の隅々に図書館が誕生し、それによって爆発的に読書人口は増えた（永嶺、前掲『〈読書国民〉の誕生』）。

さらに大正時代、出版界において現代にまで続く再販制――再販売価格維持制度が導入され始めた。これは出版社側が定価を決定する制度で、これによって客に本が値切られることがなくなる、画期的な制度だった。さらに委託制度が広まり、書店は売れる見込みのある本を大量に仕入れることができるようになった。当時、書店の数も急速に増加。明治末の書店数は約3000店だったのに対し、昭和初期には1万店を超えるようになったというのだから驚きだ（小田光雄『書店の近代―本が輝いていた時代』）。

さらにこの時代、時間もあり読書への意欲もある、「大学生」という身分の青年が増えた。

私立大学が次々と認可され、高等教育を受けられる人口が増大した（澤村修治『ベストセラー全史【近代篇《へん》】』）。この影響は大正時代のベストセラーにもよく反映されている。たとえば阿部次郎『三太郎の日記』（第壱：東雲堂、第弐、第参：岩波書店）、あるいは夏目漱石『こころ』（岩波書店）。同じ1914年（大正3年）に刊行されたこの2冊の本は、旧制高校の学生たちを中心に必読書として売れたらしい。どちらもエリート階層向けの内容に思えるが、それらの本が売れるだけの読書人口が学生たちの間で増えていた。

当時、出版界はベストセラーを生むに足る制度を整えている最中だった。一方で読者側もまた図書館の充実、書店の増加、そして高等教育機関の拡大によって、読書人口そのものが増えていた。まさに読書の拡大期——それが大正時代だったのだ。

日露戦争後の社会不安

そんな大正時代の出版界が右肩上がりだった話だけ聞くと、さぞかし華やかな出版事情だったのだろう、と想像してしまう。しかし大正時代のベストセラーを眺めると、なんだか、かなり内省的——というか、はっきり言ってしまえば、ものすごく、暗い。

文芸評論家の瀬沼茂樹が『本の百年史—ベスト・セラーの今昔』にて「大正の三大ベストセ

ラー」として挙げるのは、以下の3冊だ。
『出家とその弟子』（倉田百三、岩波書店、1917年）
『地上』（島田清次郎、新潮社、1919年）
『死線を越えて』（賀川豊彦、改造社、1920年）

どれも10万部以上売り上げたベストセラーである。が、これだけ売れた書籍たちのテーマが、揃《そろ》いも揃って、生活の貧しさや社会不安への内省なのだ。親鸞《しんらん》とキリスト教という宗教をテーマにした作品や、貧乏な少年による成長物語、と聞くと、現代だったら「なんか暗くて売れなそう」と感じてしまうのではないか。しかしこれらの暗い本がベストセラーになるほど、大正時代の人々は社会不安を抱えていたらしい。令和においても疫病や戦争、増税など社会不安を抱えている人は少なくないだろうが、実は大正時代も負けず劣らず社会不安の時代だったのだ。

当時の日本は、大きな行き詰まり感と社会不安に覆われていた。日露戦争によって巨額の外債を抱えた政府による増税、そして戦後恐慌による不景気が社会を襲う。1905年（明治38年）の日比谷焼き打ち事件や1918年（大正7年）の米騒動といった、都市民衆騒擾《そうじょう》も起こった。ちなみにこれらの暴動には、職人や工場労働者などの若い男性が大勢参加した（松沢裕作『日本近代社会史―社会集団と市場から読み解く　1868―1914』）。暴動が絶えないくらい、若者のストレスは極致に達していた。

スピリチュアルが、社会主義が、売れる！

明治後期のベストセラーといえば、キリスト教の教えを説いた内村鑑三や、新しい家族小説を描いた徳富蘆花《ろか》といった、ある種理想主義的な本が多かった。それは「修養」の精神を説く新渡戸《にとべ》稲造の書籍からも分かるとおり、きっとこれから自己も社会も良くなっていくのだ、というポジティブな希望を内包したものだった。

一方で大正期のベストセラーは、自己の改良よりも自己の苦しみに目を向ける。たとえば『出家とその弟子』は親鸞たちが主人公の戯曲。だが読んでみると、なぜかキリスト教の教えが多々登場する。あらすじも「お坊さんなのに女性と恋愛し、その罪悪感に苛《さいな》まれるが、しかし祈りによってすべてが解決する」という、キリスト教と仏教が混合する、宗教書としてはよく分からない一冊となっている。おそらく、特定の宗教の教えを伝えることよりも、自分の苦しみや罪悪感を何かによって癒やす、という行為にポイントがあるのだろう。実際この本は大正時代の若者に共感され、当時の若者のバイブルになる。

なんと『出家とその弟子』のヒットは、その後「親鸞ブーム」を生み出すにまで至る。たとえばベストセラーになった石丸梧平《ごへい》の『人間親鸞』（蔵経書院、1922年）と『受難の親鸞』（小西書店、1922年）はどちらも親鸞を描いた小説だ。ぶっちゃけ、「親鸞が出てくる小説なら、売れる！」と思われていたのではないか……。

さらに大正時代といえば、「大正デモクラシー」の言葉を連想する人も多いだろう。日露戦争後から満州事変前夜までの時期に、政党政治が実現し、社会運動が展開されていた時期のことである。ロシアで革命が起こり、日本のインテリ層が社会問題や社会主義に関心を寄せるのがブームになっていたのだ。その流れは、書籍のベストセラーにもあらわれている。

たとえば先ほど挙げた大正時代のベストセラーベスト3に入る『死線を越えて』。同書は社会主義者の自伝的小説だ。当時、「社会主義の啓蒙書《けいもうしょ》」はベストセラーの一大ジャンルだった。これについて澤村修治は、先ほど挙げた宗教書が売れた理由にも、社会主義の本が売れた理由にも、同じ背景があったと指摘する。

大正期は社会不安や、表層的な繁栄の背後にへばりついた「没落」の予感が、人びとをして宗教的文学や人生修養的著作へ向かわせたが、一方で、オルタナティヴへの関心へと向かわせており——社会主義への引力が本格的に生じたのだ——、事情は同根からだといえる。

（前掲『ベストセラー全史【近代篇】』）

インテリ層の数も増え、読書人口も増えるなか、社会不安は増大していた。増税や不景気によって貧困層の数も増えた大正時代。ベストセラーには、その不安を救うための宗教や社会主義関連の書籍が入っていった。

現代も、これ以上社会不安が大きくなれば、宗教と社会主義の本が流行《はや》るのかもしれない。

いや、もう流行っているのか？

2　辛《つら》いサラリーマンの誕生

「サラリーマン」の登場

さて突然だが、あなたは『痴人の愛』を読んだことがあるだろうか？

谷崎潤一郎が1925年（大正14年）に刊行した小説だ。数え年で15歳の少女ナオミを自分好みの女性に育て上げようとする男性の物語である。この大正末期に世に出た小説の主人公は、実は「サラリーマン」であることをご存じだろうか。

『痴人の愛』の冒頭は、主人公がナオミをカフェで見初める場面、そして主人公・河合《かわい》譲治《じょうじ》の自己紹介からはじまる。


私は当時月給百五十円を貰《もら》っている、或《あ》る電気会社の技師でした。私の生れは栃木県の宇都宮在で、国の中学校を卒業すると東京へ来て蔵前《くらまえ》の高等工業へ這入り、そこを出てから間もなく技師になったのです。そして日曜を除く外は、毎日芝口の下宿屋から大井町の会社へ通っていました。

一人で下宿住居《ずまい》をしていて、百五十円の月給を貰っていたのですから、私の生活は可成り楽でした。それに私は、総領息子ではありましたけれども、郷里の方の親やきょうだいへ仕送りをする義務はありませんでした。と云うのは、実家は相当に大きく農業を営んでいて、もう父親は居ませんでしたが、年老いた母親と、忠実な叔父夫婦とが、万事を切り盛りしていてくれたので、私は全く自由な境涯にあったのです。が、さればと云って道楽をするのでもありませんでした。先《ま》ず模範的なサラリー・マン、——質素で、真面目で、あんまり曲がなさ過ぎるほど凡庸で、何の不平も不満もなく日々の仕事を勤めている、——当時の私は大方そんな風だったでしょう。


まさに大正時代は、河合譲治のような「サラリーマン」が誕生した時代だった。生まれた土地や階級から解放された青年たちが、都会の企業で働くことを選択し始める時代。サラリーマンという名の、労働者階級でもなく、富裕層でもない、新中間層が誕生した。

昨今「サラリーマン」という言葉を私たちは普通に使っているが、実はその言葉が日本に浸透したのは大正後期から昭和初期にかけてのことだった〈鈴木貴宇《たかね》『〈サラリーマン〉の文化史─あるいは「家族」と「安定」の近現代史』)。「俸給生活者」「知識階級」「中流階級」「新中間階級」と呼ばれた彼らが「サラリーマン」として世間に広がっていくのが、ちょうど大正後期だったのである。

その背景にはいくつかの時代変遷が存在する。まず明治時代、高等教育機関の卒業生——「知識階級」の青年たちが、民営の企業に勤め始めた。そこには日清・日露戦争後の株式会社設立ラッシュという企業側の事情があった。「近代的な経営ができる人間がいい」[*1]「官尊民卑なんて風潮をなくすために、品性ある人間に入ってきてほしい」(竹内、前掲『立身出世主義』)という企業の声が、彼らを採用させるに至った。

もはや「雇うなら士族階級がいい!」なんてわがままは言ってられない。教育を受けたエリートを企業が必要としたのである。身分よりも能力が重視された時代への転換が起こったタイミングだった。ちなみに年功賃金制度や新卒一括採用といった、日本のサラリーマン雇用慣習も、徐々に普及していった(菅山真次『「就社」社会の誕生—ホワイトカラーからブルーカラーへ』)。

労働が辛いサラリーマン像、誕生

しかし大正時代に入り、日露戦争後の物価高や不景気が日本を襲う。

若者たちは、せっかく学歴をつけたにもかかわらず、下級職員――当時は「腰弁」と呼ばれた。毎日弁当を持って出勤する安月給取りを意味する言葉だ。なんという悪口――にならざるをえなかった（鈴木、前掲『〈サラリーマン〉の文化史』）。その給料は思いのほか安く、彼らは想像していたようなエリート層にはなれなかった。彼らを待っていたのは、長時間労働や解雇の危機、そして思うような消費もままならない物価高だった。

鹿島あゆこは、論文「『時事漫画』にみる『サラリーマン』の誕生」にて、サラリーマンを戯画化した大正時代の漫画を分析した。それによると、大正時代初期から中期にかけて、サラリーマンという言葉に「社会状況や雇用主によって生活基盤を左右されやすい被雇用者」であるというイメージがついていたというのだ。

労働者階級とは違う自分を誇示するために、見栄のために食費を削ってまで、服飾費にお金をかけるサラリーマン。しかしその服飾費や交際費に金をかけようとすれば、物価高に苦しめられてしまう。

つまり、サラリーマン＝物価高騰や失業に苦しむ人々、という図式が社会に定着していた。上司にはぺこぺことおもねり、自分の見栄えを気にして給料に見合わない高い洋服を買い、休みは減らされながらもそれでも働き続け、しかし常に解雇の恐怖と隣り合わせ――。現代にも通じる「労働が辛いサラリーマン像」ができ上がったのは、実は大正時代だったのだ。

実際、鹿島の紹介する北沢楽天による時事漫画を見ると、現代と変わらないサラリーマンの悲哀が描かれていることに驚いてしまう。たとえば1922年（大正11年）7月の「時事漫画」に掲載された「能率試験」というタイトルの漫画。能率が良くなければ勤務時間延長の針山、あるいは暑中休暇全廃の釜、失業の谷に投げ込まれていく労働者や会社員たち……。涙なしには見られない。休日返上、勤務時間の延長、といったキーワードは100年経《た》っても変わっていない。「労働に苦しむサラリーマン像」が大正時代にすでに描かれていた。

「立身出世」を目指した明治の若者たちの行く末がこんなところにあったなんて、いったい当時の誰が思っただろう。そりゃ、どの本も暗い内容であるのもさもありなん。こんな状況じゃ、スピリチュアル小説も貧困層の小説も流行るよな……と妙に納得がいってしまう。

疲れたサラリーマン諸君へ、『痴人の愛』

そのようなサラリーマン像を踏まえると、大正末期に出版された『痴人の愛』がヒットした理由もよく分かってくる。

『痴人の愛』は、元はといえば「大阪朝日新聞」の連載小説である。当時の新聞の主なターゲットは、新中間層、つまりは毎日通勤するサラリーマンだった（山本武利『近代日本の新聞読者層』）。だとすれば、「田舎から出てきた真面目なサラリーマンが、カフェで働く美少女を引き取る」というあらすじは、まさに谷崎潤一郎がサラリーマンに向けて書いた妄想物語そのものだったのではないだろうか。

妄想物語というとやや強引な言い方に聞こえるかもしれない。しかし実際、『痴人の愛』は「読者諸君」と語り手が繰り返し読者を意識するように呼び掛けていたり、さらに挿絵は小説よりも譲治を「イケてるサラリーマン」として（おそらくわざと）描写しているのだ（林恵美子「描写と裏切り―挿絵から読む『痴人の愛』」）。谷崎がものすごく読者を意識している証拠ではないか。

面白いのが、挿絵に描かれた譲治は、決して田舎出身の冴《さ》えない男ではないところ。挿絵の譲治は、タキシードに身を包み、髪はオールバックで、蝶《ちょう》ネクタイが似合う――小説から想起される姿からは、少し、いやかなりかけ離れた、理想版・サラリーマンなのだ。笑ってしまうほど、譲治は格好をつけている。

さらに注目すべきは、谷崎が「譲治とナオミが出会った時期」として設定したのは１９１７年（大正６年）。小説連載開始時から７年前のことだった。考えてみてほしい。まさに、第一次世界大戦中の好景気の時代を、谷崎は小説の舞台にしているのだ。
谷崎の読者サービス、すごい……と感心してしまうのは私だけか。『痴人の愛』の冒頭をひとことで言ってしまえば、「田舎出身の真面目なサラリーマン（しかし絵に描かれた姿はかっこいい）が、まだ好景気だった時代に、カフェで美少女と出会う」話だ。——不景気に疲れたサラリーマンが朝刊で読む小説として、これほど癒やされるものがほかにあるだろうか。サラリーマンという名の疲れた新中間層が読む新聞に『痴人の愛』が連載されていたのは、決して偶然ではない。
ちなみに、『痴人の愛』はこんな書き出しではじまっている。

私はこれから、あまり世間に類例がないだろうと思われる私達夫婦の間柄に就いて、出来るだけ正直に、ざっくばらんに、有りのままの事実を書いて見ようと思います。それは私自身に取って忘れがたない貴い記録であると同時に、恐らくは読者諸君に取っても、きっと何かの参考資料となるに違いない。

読者諸君にとっての参考資料に……なるかあ！と、私だったら新聞をぶん投げたくなる。しかしこの書き出しもまた、全国のサラリーマンに向けたものだとしたら、これ以上ない読者サービスではないか。つまり「読者諸君の参考資料になる」とは、「こんなことも、読者諸君の身に起こりうるかもよ！」と言っているに等しい。谷崎のサービス精神がふんだんに発揮されている。

ちなみに小説などほとんど読まない譲治は、会社をやめたら、「暇な時には読書する」ようになった、という描写がある。……結局、お前も会社をやめたら本を読むようになったのか！と今と変わらない景色にがっくり肩を落としてしまう。

が、めったに小説を読まない譲治ですら、夏目漱石の『草枕』は読んだことがあったらしい。

私は電気の技師であって、文学だとか芸術だとか云うものには縁の薄い方でしたから、小説などを手にすることはめったになかったのですけれども、その時思い出したのは嘗《かつ》て読んだことのある夏目漱石の「草枕」です。そうです、たしかあの中に、「ヴェニスは沈みつつ、ヴェニスは沈みつつ」と云うところがあったと思いますが、ナオミと二人で船に揺られつつ、沖の方から夕靄《ゆうもや》の帳《とばり》を透して陸の灯影を眺めると、不思議にあの文句が胸に浮んで来て、何だかこう、このまま彼女と果てしも知らぬ遠い世界へ押し流されて行きたいような、涙ぐましい、うッとりと酔った心地になるのでした。（『痴人の愛』）

田舎出身のサラリーマンでありながら、『草枕』くらいは読んだことのあるインテリ、譲治。彼はまさに、大正時代の新中間層の憧れを代表するような主人公だった、と言えるのではないだろうか。

ちなみに『痴人の愛』の掲載媒体は、途中で変更される。「大阪朝日新聞」では、ナオミの過激な性的描写について、良くない顔をされるようになったからだ。検閲当局から注意されたことなどをきっかけに、結局、連載は中断に至ってしまう。だが『痴人の愛』に魅せられた若い男女の間で「ナオミズム」という言葉が流行し、ナオミはとくに若い女性の憧れの対象となる――結果として新聞ではなく「女性」という雑誌に掲載誌を移し、連載は再開されるのだった。

最初は中年サラリーマン向けの恋愛を描いていたにもかかわらず、結果的に女性の憧れとなっていった『痴人の愛』。それは谷崎が読者サービスから自分の小説世界へどんどん入り込んでいった結果だったのだ。

3　教養の誕生と修養との分離

田舎の独学ブーム

さて、カメラのフォーカスを、都会のサラリーマンから、田舎の労働者階級に移そう。

明治中後期、働いて学資を得る苦学や、通信教育による独学がブームになっていた（松沢、前掲『日本近代社会史』）。貧しい家庭で育った彼らは「なんとか自分で勉強して、都会に行って出世するぞ」というモチベーションで勉強し、立身出世を夢見ていたのである。しかし彼らの多くは、学費という壁に阻まれた（竹内洋『立志・苦学・出世―受験生の社会史』）。

次に引用する石川啄木の詩は、まさに1911年（明治44年）、明治から大正に移ろうとする最中に書かれたものだ。

飛行機

見よ、今日も、かの蒼空《あおぞら》に
飛行機の高く飛べるを。

給仕づとめの少年が
たまに非番の日曜日、
肺病やみの母親とたつた二人の家にゐて、
ひとりせつせとリイダアの独学をする眼の疲れ……

見よ、今日も、かの蒼空に
飛行機の高く飛べるを。

（『飛行機』、『日本近代文学大系23　石川啄木集』所収）

「リイダアの独学」とは、英語の勉強を独学でおこなおうとしている姿のことだ。勉強して疲れた目、高く飛ぶ飛行機。――どれだけ勉強しても、おそらく少年は空高く飛ぶ飛行機になることはできない。
高く飛んで行こうとする日本全体の国の勢いの一方で、貧困にあえぐ若者たちは絶えることはなかった。明治末期の労働者階級の読書の在り方を端的に示した詩である。
そんな彼らを発起させる思想が、第一章でも見た「修養」の概念だった。

「社員教育」の元祖としての「修養」

明治時代にエリートの間で広まった「修養」は、大正時代にはむしろ労働者階級の間にすでに根づいていた。

たとえば、大正時代の都市部工場労働者による労働者団体・友愛会。これは「修養」のための団体として結成された。修養という思想を用いて、「労働者は自己鍛錬を怠らないことで団結し、社会の一員として認められるようになろう」という旨を掲げていた。

さらに、農村においても「修養」を掲げる青年団が結成されていた。日露戦争後、地方改良運動――つまりは「財政が破綻している農村をなんとかせよ」とお触れが出たタイミングで、農村では青年団が組織された。ここでもやはり「自分たちで自己鍛錬し、農村を支えよう」というスローガンとして、「修養」の概念が用いられる。

都市部においても、農村部においても、労働者の青年たちには「修養」が求められた。それは社会不安のなかで自分を律し、そして個人として国家や社会を支えられるようになることが求められたからだった。

つまり大正時代になると「修養」は、はっきりと労働者の統制を取るため、そして労働者自身が自分の価値を上げるための、自己啓発の思想になっていった。

これは今でいう「社員教育」の元祖、と言えるかもしれない。実際に「修養」の概念の歴史を研究する大澤絢子は『「修養」の日本近代』で、明治時代から流行した「修養」の系譜を、戦後の企業の社員教育制度につながるものと捉えている。

ちなみに岩手県の農村で読まれた在郷軍人会分会の会誌「真友」には「本を読む人と読まぬ人とは、品性は異って見える」「本を読む人は、一見して、どこかに崇高《けだか》い処《ところ》があって、品格が美しく見える」（1913年1月号）などと書かれていたらしい（成田龍一『大正デモクラシー』）。「読書」によって品格を上げる、という感覚はすでに農村にも浸透していた。しかしそれは決して「教養を身につけるため」といった、知識を得ることを目的としたものではない。あくまで、「修養」――つまり自己鍛錬の一手段としての「品格」を上げる行為や習慣として、捉えられていたにすぎなかった。

エリート学生の間に広まる「教養主義」

「修養」が労働者階級の教育概念となった一方で、大正時代のエリート階級の間では「教養」が広まった。

大正時代、和辻《わつじ》哲郎や阿部次郎、安倍能成《あべよししげ》といったエリート階級の青年たちは、新渡戸稲造に影響を受け「知識を身につける教養を通して、人格を磨くことが重要だ」と語るようになる。そう、修養と教養の差は開いた。行為を重視する修養と、知識を重視する教養は違うものになった。

こうして「教養」＝エリートが身につけるもの、「修養」＝ノン・エリートが実践するもの、といった図式が大正時代に生まれていった（筒井清忠『日本型「教養」の運命―歴史社会学的考察』）。

現代の私たちが持っている「教養を身につけることは自分を向上させる手段である」といううっすらとした感覚は、まさに「修養」から派生した「教養」の概念によるものだった。それは大正時代にエリート学生たちの間で生まれた、教養を身につけることによって人格が向上する、というひとつの流行思想だった。

総合雑誌が担ったもの

大正時代、「教養」は完全に「修養」から分離し、エリート文化として流行する。その際「教養」思想の流行の担い手となったのは、当時誕生し刊行部数を伸ばしていた雑誌だった。そう、本章の冒頭に引用した「中央公論」を代表とする、「総合雑誌」と呼ばれる教養系雑誌のことである。

大正時代初期から昭和戦前期は「総合雑誌の時代」と呼ばれた。

> 考えてみると、教養主義といわれた学生文化は文学・哲学・歴史関係の古典の読書だけでなく、総合雑誌の購読をつうじて存立していた面が大きい。
> 教養主義が学生規範文化になった大正時代や昭和戦前期は、『中央公論』『改造』『経済往来』（一九三五年から『日本評論』に誌名変更）などの総合雑誌の時代だった。総合雑誌の知的クオリティは高かった。講座派と労農派の論争なども、しばしばこれらの雑誌に掲載された。
> （竹内洋『教養主義の没落―変わりゆくエリート学生文化』）

総合雑誌には、論文や小説が収録されていた。先ほど挙げた谷崎潤一郎や、志賀直哉《なおや》、幸田露伴、そして夏目漱石や芥川龍之介といった、いわゆる「文豪」たちの作品も総合雑誌に掲載されていたのだ。さらにマルクス主義を総合雑誌で知ることもあった。

当時の旧制高校の生徒は「中央公論」や「改造」を読んでいた。その結果としてエリート学生の「教養」重視傾向が生まれた（永嶺重敏『雑誌と読者の近代』）。

そして、この傾向は学生だけに限らない。東京の読書層について研究した永嶺重敏は大正時代の東京駅周辺の書店で総合雑誌が売れていたことに注目した。

読書階級の一員たるサラリーマン層は、新聞・講談雑誌を読む労働者との差異化の必要に迫られた。この要請に応えるべく出現してきたのが、まず『文藝春秋』であった。『文藝春秋』や『中央公論』等の総合雑誌を読む読者としてサラリーマン層は自らを差異化した。

（「モダン都市の〈読書階級〉―大正末・昭和初期東京のサラリーマン読者」）

当時、労働者階級も少しずつ読書を楽しむようになり、とくに大衆向けの雑誌はたくさん読まれるようになった。そのなかで労働者階級と「差をつけたい」新中間層ことサラリーマン層は、「教養」文化の担い手であった総合雑誌を買ったのだ。

しかし永嶺も当時の読書はすでに「一種の知的ファッション、流行と化し、衒示《げんじ》的消費の要素が強かった」のではないかと指摘するように、彼らのなかでどれほどが買った雑誌をすべて読み切っていたのか、そして理解しようとしていたのかは分からない。

だが重要なのは、都市の階層の高いサラリーマンは、たしかに総合雑誌を手にし、「教養」を買うことを必要としていたということだ。大正時代、教養主義はエリート文化を象徴するひとつの思想だった。それはエリート学生と一部のサラリーマンの間で共有されていた価値観だったのである。

「教養」と「労働」の距離

明治の「修養」主義は、大正時代、ふたつの思想に分岐していった。

一方が戦後も続くエリート中心の教養主義へ。一方が戦後、企業の社員教育に継承されるような、労働者中心の修養主義へ。

だとすれば——本章冒頭にて問題提起した「ビジネスに使える、効率重視の教養」の正体は何なのだろう。それは一見、令和にはじめて流行したような、ビジネスパーソンの不安や焦りを反映した現代のトレンドに思える。だが実際のところ、大正以降に分岐したはずの「教養」

と「修養」が再合流したものが、その正体なのではないだろうか。

そもそも明治時代の「修養」は青年に自己研鑽《けんさん》を促す思想だった。それはアメリカの自己啓発思想に基づいて、家のためではなく個人のために自己を磨くべきだとする、新しい立身出世の思想潮流だったのだ。

しかし大正時代、自らを労働者と区別しようとする「読書階級」ことエリート新中間層が登場した。それによって「修養」＝労働者としての自己研鑽と、「教養」＝（労働の内容には関係なく）エリートとしてのアイデンティティを保つための自己研鑽、そのふたつの思想に分離した。とくに新中間層の主な担い手であった都市部のサラリーマンは、自らの見栄のために食費を削る人間とみなされており、教養もまたそのようなエリート層としてのアイデンティティを規定する手段のひとつでもあった。

つまり私たちが現代で想像するような「教養」のイメージは、大正〜昭和時代という日本のエリートサラリーマン層が生まれた時代背景によってつくられたものだった。労働者と新中間層の階層が異なる時代にあってはじめて「修養」と「教養」の差異は意味をなす。

だとすれば、労働者階級と新中間層階級の格差があってはじめて、「教養」は「労働」と距離を取ることができるのだ。

そう考えると、令和の現代で「教養」が「労働」と近づいている——つまり「ビジネスパーソンのための教養」なんて言葉が流行しているのは、もはや「教養」を売る相手がそこにしかいないからだろう。

これから見ていく、戦前〜戦後を経て、ビジネスマンにとっての「教養」の在り方も変わる。「教養」は常に「修養」、つまり「仕事のための自己啓発」との距離を変え続けている。『痴人の愛』のサラリーマン・譲治も仕事をやめてから小説を読み始めたように、仕事に関係のない教養を身につける余裕のあるサラリーマンは、意外とどの時代であっても、少ないのかもしれない。

第三章　戦前サラリーマンはなぜ「円本」を買ったのか？

――昭和戦前・戦中

1　日本で最初の「積読《つんどく》」本

円本の成功と驚異の初版部数

１９２３年（大正12年）、関東大震災が日本を襲った。

それは出版業界にも、当時広がりつつあった民衆の読書文化にも、大打撃を与えた。火災によって書籍も、書籍になる前の紙も、たくさん燃えた。書籍の値段も上がる。これ以上単価が高くなってしまっては、せっかく本を読もうとしていた民衆が、本に手を出せなくなる。そして不況によって雑誌の売れ行きも落ち込んだ。

大正末期――出版界はどん底にあった。

そんな出版界に革命を起こしたのが、「円本」だった。それは、倒産寸前だった改造社の社長がイチかバチかの賭けに出た結果だった。1926年（大正15年）12月、つまり大正の終わり、昭和になるとともに突風のようにはじまった「円本」ブームは、日本の読書を変えたのだった。

この「円本」とは何だったのだろう？　要は「全集」のことだが、会社で働くサラリーマンたちが、せっせとこの「円本」を集めていたようなのだ。なぜ彼らは円本を集めていたのだろう？

改造社の『現代日本文学全集』の大博打《おおばくち》

円本という言葉の由来は、1冊1円というその価格による。

円本を日本ではじめて売った、改造社の『現代日本文学全集』――それは当時の日本の作家たちの「これを読んどきゃ間違いない」という作品集だった――はまず全巻一括予約制をとった。つまり「予約した人しか買えない」うえに、「欲しい巻だけを買う」ことができない「全巻を買うことが必須」という形態。消費者の身になると、全巻予約必須とはなかなか思い切ったシステムだと感じるのではないだろうか？　現代でも、読んだことのない名作漫画全集を全巻予約必須と言われたら躊躇《ためら》ってしまう。

しかし出版社側には、この「全巻予約必須」システムに踏み切るだけの理由があった。1冊1円、という価格設定は、当時において破格の金額だったのだ。

当時、書籍の単行本は2円〜2円50銭が相場だった。しかも『現代日本文学全集』には、通常の単行本の4〜5冊分の量が収録されている（現代の文庫本でいうと、約5冊分の文字数だ）。つまりは10分の1ほどの値段だった。安い。

出版社側はその安さを、初版部数の多さで補うという大博打を目論《もくろ》んだ。そしてその博打は大勝利に終わる。予約読者は23万人を超えた。結果的に募集を繰り返し、40〜50万の予約に至ったという。改造社は当初全37巻、別冊1巻だった出版計画を変更する。結果的には全62巻、別冊1巻に及び、6年以上かかって刊行は完了した。

そしてこの「円本」システム、つまりは全集をまとめて安く売ることの大成功っぷりに驚いたほかの出版社も、さまざまな円本全集を刊行した。それは当時の「現代日本作家」の作品にとどまらず、海外文学篇や思想篇に至るまで、多様なジャンルの全集ブームとなっていった。

戦前は、本が安くなって、みんな本を読むようになった時代だった。そこにはこの円本という仕掛けがあった。

　そして戦前のサラリーマンたちは円本を購入していたのだ。サラリーマンが本を買う文化も、円本全集の登場を契機に、本格的にこの時代からはじまるのだった。

　なぜこの「円本」は売れたのだろう？　値段が安くなったからといって、皆が突然、本を買うようになるだろうか？　そこまで豊かではない家計と忙しいはずの時間のなかで、どこに『現代日本文学全集』を買うモチベーションがあったのだろう？

　本章はこの昭和初期の円本ブームと、戦前のサラリーマンの読書の風景に迫ってみたい。

円本ブーム成功の理由①「書斎」文化のインテリアとしての機能

一、本全集あれば、他の文芸書の必要なし。
二、総額壱千円のものが毎月たった一円。
三、内容充実し、普通版の四万頁に相当す。
四、明治大正の不朽の名作悉《ことごと》く集まる。
五、菊判六号活字総振仮名付最新式の編輯法。

六、瀟洒《しょうしゃ》な新式の装幀《そうてい》で書斎の一美観。
七、全日本の出版界は其《そ》の安価に眼を円《まる》くす。
八、本全集あれば一生涯退屈しない。

これが『現代日本文学全集』の内容見本に挙げられた、八つの特色だった。注目したいのが、「瀟洒な新式の装幀で書斎の一美観」つまり〝書斎〟に置く本として美しいインテリアであることを強調している点だ。

塩原亜紀は、2002年（平成14年）の論文「所蔵される書物―円本ブームと教養主義」で、昭和初期の中流階級の間で増えていた和洋折衷《せっちゅう》住宅において、洋式の「書斎」の部屋が誕生し、さらにその「書斎」は「応接間」の役割も兼ね備えていたことを指摘する。つまり家に客人が来たときに、書斎の本棚を見せるような設計になっていた。そして当時の本棚にぴったりだったのが、円本全集だったのだ。

実際改造社の『現代日本文学全集』の装幀を担当した杉浦非水《ひすい》は、「室内装飾」としての書物というコンセプトを提示した。たしかに単行本をそれぞれ買って並べるよりも、統一された全集の背表紙のほうが、インテリアとして映える。円本全集は当時増えていた洋式の部屋にインテリアとして重宝された。

ちなみに当時本をインテリアとして買うことを、揶揄《やゆ》する人もいた。1928年（昭和3年）の『出版年鑑』で評論家の武藤直治は「現在は、いわゆる円本が読まれるよりは飾られ、貯《たくわ》えられるために出版され、購求されている観がある」と述べる。つまり「円本は読まれてない、飾られているだけだ」ということだ。

昭和初期、本を読んでいることは、教育を受け学歴がある、すなわち社会的階層が高いことの象徴だった。中高等教育を受けた学歴エリート階層＝新中間層が、労働者階級との差異化のために「教養としての読書」を重視していたことは、第二章に見た大正時代から続く傾向である。そう、ずらりと本棚に並べられる円本全集を購入することは、「実際に読まなくても読書している格好」をするための最適な手段だったのだろう。

読書することで自分の階層を「労働者階級とは違うんだ」と誇示したい新中間層＝当時のサラリーマン――それはまさに円本全集のターゲット層だった。

たとえば新潮社が出した『世界文学全集』の新聞広告には、こんな宣伝文句が掲載されている。

丸ビルだけでも一万幾千からの勤め人が居られますがその方々の悉くが私共書店として一番の得意である読書階級でありますので、お昼の時間など実物見本の引っ張り合です。
（「東京朝日新聞」1927年2月10日に掲載された『世界文学全集』の広告における書店員の言葉）

書店員の言葉を載せる新聞広告の手法は今も昔も変わらないのだな、と微笑《ほほえ》ましくなってしまうが。それはそうとして、この書店員が述べている「読書階級」という言葉に着目したい。丸の内のオフィス街で、お昼の時間に書店に寄るようなサラリーマン――つまり労働者階級ではない新中間層にこそ、全集を買ってほしい、そのような出版社の狙いが見て取れる。出版社としても、「新しく家を持つような少しお金を持ったサラリーマンが書斎に置いて自慢する材料」としての円本全集を企図していたのだ。

そしてそれは当時の日本に登場したサラリーマン層の需要とぴったり嚙《か》み合っていた。自分は労働者階級ではない、自分はちゃんとした家のちゃんとした主人なんだ、と誇示したい当時のサラリーマン層にとって円本全集は打ってつけのインテリアであった。

時代の風と、的確な企画意図。その組み合わせの妙によって、円本全集はサラリーマンの家のインテリアとして君臨することに成功したのだ。

円本ブーム成功の理由②サラリーマンの月給に適した「月額払い」メディア

永嶺重敏は「モダン都市の〈読書階級〉」で、労働者や農民に比べ、新中間層は恵まれた給与水準であった――それが彼らを「読書階級」に押し上げた一因であると述べている。だが、冷静に考えて、いくらサラリーマンが安定した給料をもらっていても、書籍に無限の金額をつぎ込めるわけではない。

戦前の給与制度について詳しい岩瀬彰は『「月給100円サラリーマン」の時代―戦前日本の〈普通〉の生活』で、戦前サラリーマンの給料の目安を「月給100円」だったと解説する。ビール大瓶は35銭、総合雑誌は50銭だった時代のことだ。だとすれば円本全集の1冊1円は、現代でいえば1冊2000円ほどである。今のハードカバー単行本1冊よりも少し高い。もちろん円本登場以前の文学書の高さから比べると破格であろうが……それにしたってサラリーマンのファッションアイテムとしてバカ売れするほど安くないんじゃないか、という気にもなる。

なぜ当時のサラリーマンは1冊1円（＝現代の2000円）の円本全集を買おうと思えたのだろうか？

これについては、円本全集が現代の〈サブスク（サブスクリプション）〉と同じシステム――

つまり月額払いだったことが大きなカギだった（谷原吏《つかさ》『〈サラリーマン〉のメディア史』）。

日給制の労働者とは異なり、当時のサラリーマンは（今もそうだが）月給制だった。

そう、円本は、月々に料金を支払うシステム。つまり月給制のサラリーマンにとって、単発でそれぞれ料金を払う単行本よりも、逆に給料日とともに「毎月いくら」という形で支払う円本のほうが、財布のひもが緩む。月給制と月額払いは相性がいい。それは現代においてもやはりほとんどのサブスクの支払いが月額であることを考えると、納得できるだろう。昭和の戦前にすでにその制度をつくっていたのは驚くが。

ちなみに、同じく月額で定期的に支払うメディアといえば、当時は雑誌があった。だが当時、1925年（大正14年）に創刊された雑誌「キング」の流行などもあり、雑誌というものはかなり「誰でも読める読み物」というイメージがついていた。その点、円本全集は見た目も内容も、「教養のある家庭の人間だけが読める読み物」というブランディングがしっかりなされていた。

月額払い、つまり給料が入ってくるタイミングで支払うことのできる円本全集は、まさに出版社がターゲットとするサラリーマン層の懐事情を考慮したシステムだった。

円本ブーム成功の理由③新聞広告戦略、大当たり

円本には大量の宣伝費がつぎ込まれた。新聞・雑誌の広告、内容見本、そしてビラなど、あらゆる宣伝方法を駆使した。

改造社の『現代日本文学全集』の第1回配本の「読売新聞」広告は、なんと新聞一面を使って、〈善い本を安く読ませる！　この標語の下に我社は出版界の大革命を断行し、特権階級の芸術を全民衆の前に解放した〉というキャッチコピーを載せている。そしてこれが成功したことにより、広告合戦は円本が増えるにつれ加速した。

実際、文芸評論家の中村光夫は『私の読書法』にて、両親ともにまったく文学に明るくなく、そもそも書物は10冊も持っていない家庭に育ったが、「ある日新聞の大きな広告を見て、新潮社の『世界文学全集』をとることに決心」したと語っている。新聞広告の効果は絶大だ。

余談だが、新聞広告は出版界の泥沼を露呈する場にもなった。『小学生全集』（全88巻、興文社、菊池寛と芥川龍之介の編集）と『日本児童文庫』（全76巻、アルス、北原白秋編集）は、どちらも児童向けの全集で競合してしまった。するとアルスが興文社に対して「企画を盗んだ」という名目で訴え、両全集の責任編集者（菊池と北原）は新聞紙上で攻撃し合ったのだ。引くに引けなくなった両社は、ある日の新聞の広告欄をこのふたつの全集で埋め尽くした。新聞広告合

戦をやってのけたのである。泥沼である。

結局、広告費で損害を被った両社は、どちらも収益マイナスで終わったらしい。芥川の自殺はこの事件が契機のひとつでもあったのではと言われており、なんとも悲しい末路だ……。

2 円本は都市部以外でも読まれていた

円本＝日本で最初の「積読」セット？

まとめると、円本は新中間層という新しい階層のある種のファッションアイテムとして機能した。そこでは出版社の支払い制度への工夫と広告戦略が功を奏していた。

円本以前、明治時代や大正時代に高価な書籍を自ら購入し本棚に並べる人々はエリート階層のなかでも稀少《きしょう》だった。庶民の多くは、小説についても新聞連載で触れる程度だった。当時のエリート階層であるサラリーマン層ですら、総合雑誌で教養を得ることはあれど、高い単行本を買う余裕はなかった。つまり「そもそも本を購入して読むという習慣がない」層が多かった。

だが関東大震災後、彼らにとって円本という存在があらわれたことによって、「とにかくこれだけ集めたらＯＫ」という本のパッケージが用意された。

そう、「教養に良さげな本を読みたい・買いたい」という需要はあったのだ。だが値段も高く、それでいて内容が良いかどうか分からない。そんな状態では本は買えない。当時の出版社が円本という形で提示した、「とにかく安くて・買いやすくて・これだけ読んで並べておけばいい」全集を売る戦略は、間違っていなかった。

本をひとつひとつ選んでいる暇なんてない。そんなに高い本も買えない。だが教養に良さげな本は手に入れたい。そんな需要のある層に対し、出版社側が全集というパッケージそのものを、「これだけ読んでおけばＯＫ」な本たちを、渡す。円本はこうして日本の読書人口を増やすに至ったのだった。

よく「料理が嫌いなわけではなく献立を考えるのが面倒だ」という声があるが、そういう意味で「今月の献立＝おすすめの名作はこれだ」とされたものが送られてくるのは、たしかに読書に慣れていない人であればあるほどありがたいパッケージだった。

農村部でも読まれていた円本

だが、はたして購入された円本は、どれだけ読まれていたのだろう？

さすがに購入された円本のうち「積読」率がどれだけ高かったのかは分かっていない。が、戦前の円本にまつわる言説を集めた植田康夫の研究（「〈円本全集〉による『読書革命』の実態—諸家の読書遍歴にみる」）では、「親や親戚が購入した円本全集を、子どものときに読《よ》み耽《ふけ》ってい た」という体験談が多々集められている。まさに、親の世代は円本を買っただけで実際に読みはしなかったかもしれないが、本棚に円本を並べて「積読」しておいたおかげで、子に読書習慣がついたという例が多数あったらしい。

そして書店で購入された円本全集は、ブーム終了後、大量に古本屋や露店に出回っていた（永嶺、前掲「モダン都市の読書空間」）。これは円本が実際に読まれた末に売られたのかもしれないし、読まれることがないから売られたのかもしれない。

しかし当時古本屋に出回ったことが、むしろ円本の寿命を延ばした。都市部のサラリーマンたちが購入した円本は、価格が大幅に下がった「古本」という姿で、より貧しい労働者や農民層へ渡ることになったのである。

たしかに円本はルビが振られているものも多いため誰でも読みやすく、さらにしっかりとした装幀で古本になってもボロボロにならずに読むことのできる、寿命の長い書物だった。円本はおそらく出版社が想定した以上に長い時間、そして多くの地域で、多くの人々に読まれたのだ。古本として農村部にも出回った円本は、長く広く読まれた。

それは雑誌という保存性の低いメディアではなしえなかった、書籍だからこそ可能だった読書体験だったのだ。

たしかにインテリアとして「積読」されることも多かった円本だが、それは回りまわって、古本屋や親戚・知人間の貸し借りを経て、農村部で文学にはじめて触れる読者を多くつくり出していた。

3　教養アンチテーゼ・大衆小説

「受動的な娯楽」に読書は入るか？

本書の序章では、現代の映画『花束みたいな恋をした』で、読書ではなくスマホゲーム「パズドラ」に興じるサラリーマンの姿を示した。しかしこの「パズドラ」は、戦前においては「演劇や映画」といった受動的な娯楽、あるいは「大衆向け雑誌」といった娯楽要素の大きい雑誌を読むことに相当するのではないだろうか。

というのも、戦前の労働と余暇の関係について調査し提言をおこなっていた社会学者・権田《ごんだ》保之助《やすのすけ》は、日本の娯楽についてこのように述べているのだ。——日露戦争後「金も暇もない」労働者が増えた。その「金も暇もない」消費者こそが、演劇や映画、寄席といった、消費者がお金を払って一方的に受動的に楽しむ娯楽が増えた一因なのだ、と（『民衆娯楽問題』1921年、『権田保之助著作集』第1巻所収）。

権田にとって演劇や映画、寄席は受動的な趣味、という印象だった。現代のスマホゲームを見たら何と言うだろうか。自分からゲームを仕掛けているぶん異なった印象になるのだろうか、とも思うが、それはそれとして権田はそのような趣味を「金も暇もない労働者が飛びつく娯楽」とみなしていた。

ここに「読書」が入らないのは、現代の我々からすると、やや意外に感じる。映画と演劇と寄席と読書は現代であればほとんど同じもの、つまり「文化的な趣味」なのではないだろうか？　それはまさに映画と演劇とお笑いと読書を「文化的な趣味」として置いている『花束みたいな恋をした』を見れば一目瞭然である。

だが当時、「読書」はいまだ、教養のある階層に許された趣味であった。つまり「勉強」そして「修養」の一部だと思われていた。

このような「読書」を、教養が必要な、エリート階層にしか許されない趣味であるという風潮から解放したのが、円本ブームの後に売れ始めた、大衆向けの小説だった。

戦前サラリーマンはいつ本を読んでいたのか?

大正時代末期から昭和初期にかけて、「キング」「平凡」といった大衆向け雑誌が立て続けに刊行され、広く読まれるようになった。それらの雑誌は、第二章で見たような「中央公論」などの教養主義を押し出した総合雑誌とは異なり、もっと大衆向けのイメージを強く打ち出していた。

そしてそれらの大衆雑誌においては、小説が多数連載されていた。その小説たちは、のちに「大衆小説」「エンタメ小説」と呼ばれ、「純文学」とは一線を画するジャンルに成長した。そう、日本のエンタメ小説の幕開けである。

そこにあるのは、円本全集に代表されるような教養主義的な読書とは異なるものだった。映画化されて売れることも多い、きわめて大衆主義的な読書だったのだ。

昭和初期のベストセラーとなったエンタメ小説は、どれも新聞や雑誌に連載され、それをまとめて単行本化され、売れた。この時代に「雑誌や新聞連載で人気が出た小説が、単行本になりベストセラー化する」という流れができていたのだ。

戦前の読書空間について研究した永嶺重敏は、「戦前のサラリーマンはいつ本を読んでいたのか?」という問いに対して、「週休制の普及による休日数の増加」と「郊外住宅地の発展による通勤時間という名の読書時間の発生」の2点を挙げている（前掲「モダン都市の〈読書階級〉」)。つまり戦前のサラリーマンたちは、企業に決められた休日と通勤時間に本を読んでいた、ということだ。たしかに、時代小説がよく売れているのも、当時のサラリーマンが電車のなかで読むのに適していたからだと考えると合点がいく。

さらに戦前の日本の労働時間について研究していた安藤政吉は「一般家庭の標準的な一日」を提示しているが、そこで興味深いのは「新聞・雑誌を読む時間＝休憩の時間」と「読書などをする時間＝勉強・教養・趣味娯楽の時間」を分けていることである（『国民生活費の研究』)。

詳細に書くと、「休憩」とは「新聞・雑誌・ラジオ・レコード・運動など」としている。一方「読書」は「勉強・教養」に入る。つまり雑誌・新聞を読むことは明らかに読書と位相の異なる行為として分類しているのだ。たしかに新聞は朝ごはん中に読まれることも多いため、読書のような集中しておこなう趣味とは違った「休憩」なのかもしれない。

しかし重要なのは、この休憩時間に読まれた「新聞・雑誌」にも多数の小説が連載されていたということだ。先述した「新聞・雑誌で小説の人気が出る→書籍がベストセラー」という流れは、まさに「休憩時間に小説＝エンタメが目に入る→興味を持つ」という流れをつくることができていたからではないか。

新聞、雑誌のような、庶民の休憩時間に目を通されていたメディアとして、そもそも小説が存在していた。それこそが当時の大衆小説のヒットの一因だったのだろう。現代に置き換えると、スマホを眺めているときにSNSで動画や漫画が流れてきて、つい読んでしまうようなものだろうか。おそらくなんらかの小説を読もうと思って書店に行く層よりも、新聞・雑誌というタッチポイントがあったからこそ、小説に触れた層のほうが多かったはずだ。

だとすれば「戦前のサラリーマンはいつ本を読んでいたのか？」という問いに対して、電車のなかや休日に読書していた、という答えはもちろん正しいが、それ以外にも「新聞や雑誌で小説を偶然見かけてそのまま読んでいた」ということも押さえておくべきだろう。

忙殺されるサラリーマンたち

また安藤政吉は「俸給生活者」（大河内一男編『国民生活の課題』所収）で戦前のサラリーマンの休日の過ごし方についても調査をおこなっている。そのなかで「読書」は「郊外散歩」「スポーツ」「劇映画」「自宅静養」と並ぶ過ごし方として挙がる。やはり休日に本を読んで過ごすサラリーマンは一定数存在していたことがうかがえる。

だが一方で、安藤を研究した大城亜水《つぐみ》（「近代日本における労働・生活像の一断面―安藤政吉論ノート」）は当時のサラリーマンの日常について、ほとんど忙殺されながら機械的な働き方をして、無気力になっていた人も多かったことを指摘する。

大城は「実際の職業生活の現状は学歴（教育程度）重視で情意本位の場当たり式な人事管理が多く、また、その管理者自身も各部門間の対立、縄張り、派閥の波に巻き込まれながら、重役会議に忙殺されるという『水車式多忙幹部』の続出が相次いだ」と分析する。この姿は現代と変わらない。会議と調整に追われるいかにも日本的なサラリーマン像と何も変わっていない。

昭和初期、直木三十五や吉川英治の書いた、人情もののエンタメ時代小説がよく売れた。当時のサラリーマンも日常で「人情」で評価される世界に生きていたからこそ、小説のなかでも「人情」に感情移入していたのかもしれない。

もはや本を読むどころではない戦時中

その後、戦時中になると、もはや本を読むどころの話ではなくなってしまう。

といっても、人々はすぐに本を読まなくなってしまったわけではない。日中戦争初期にはまだベストセラーが存在していた。たとえば国際情勢の報道も多くなった昭和10年代、パール・バックの『大地』、マーガレット・ミッチェルの『風と共に去りぬ』、エーヴ・キュリーの『キュリー夫人伝』などの翻訳書のベストセラーが出た。戦争がはじまるとともに海外の小説や映画は発禁処分になったかと思いきや、意外とそんなこともなく、むしろ民衆の興味は海外にさらに向くことになったのだった。もちろん、これが太平洋戦争時になるともはや英語すら禁じられてしまうのだが。

あるいは谷崎潤一郎、吉川英治、山本有三といった戦前からのベストセラー作家が次々と小説を刊行し、そして作品は売れていた。が、彼らの本格的な活躍はやはり戦時中の出版統制が終わった、戦後を待たなくてはならなかった。

第四章 「ビジネスマン」に読まれたベストセラー
——1950～60年代

1 1950年代の「教養」をめぐる階級差

ギャンブルブームの戦後サラリーマン

映画『花束みたいな恋をした』では、労働の合間にスマホで「パズドラ」をする姿が描かれていた。が、スマホがなかった時代——戦後日本においても、「パズドラ」はなくとも、「パズドラ」のような娯楽は多々登場していた。というか、戦後こそ、日本における本格的な商業的娯楽が誕生した時代だった。

なかでも戦後ブームを起こしたもののひとつが、ギャンブルだった。

戦前は若いサラリーマンや労働者にも相当普及して、元気のいいのが碁会所へ来ていたものだが、思うにあの連中、もしくはあの連中の後継者たるべき若者はパチンコとか競輪に熱をあげているのだろう。

特にパチンコ屋と町の碁会所とはその簡単なヒマツブシという点で甚だ類似した性格があるから、碁会所へ通う可能性の青年はパチンコ族になったと見てよかろう。パチンコ屋で一番根気よくねばっているようなのが昔なら碁席の常連になっているのかも知れない。

（坂口安吾「碁会所開店」1953年、『坂口安吾全集13』所収）


1950年代に発表された坂口安吾のエッセイには、はっきりと「昔は囲碁を娯楽として楽しんでいたサラリーマンや労働者たちが、今はパチンコや競輪に向かっている」と書かれている。つまりはギャンブルだ。ちなみに競輪に関しては、戦後の復興資金の調達のために政府主導ではじまった娯楽だった。すでに人気になっていた競馬に続く競輪は案の定人気になり、50年代には60以上の競輪場が存在したという。

そしてパチンコに関してはさらに身近な娯楽になった。戦前は子どもの遊びのような存在だったパチンコが、戦後「正村《まさむら》ゲージ」という釘《くぎ》配列が発明され、50年代には大人が熱中するギャンブルと化していったのだ。

お酒やタバコ、映画やダンス……ここまでは戦前も登場していた趣味だっただろう。だがここに「パチンコ」が入ってきたのは、戦後になってからだった。

パチンコもあり、映画もあり、お酒も楽しめる時代に、労働している人々が、はたして本を読む時間はあったのだろうか？

「教養」を求める勤労青年

１９５０年代、官公庁や大企業の事務員をやっているサラリーマン層と、農業や工場の労働に従事している労働者階級では、とくに書籍の普及率は異なっていた（久井英輔「戦後における読書行動と社会階層をめぐる試論的考察─格差の実態の変容／格差へのまなざしの変容」）。端的に言って、書籍はサラリーマンのものだった。しかし一方で、雑誌はサラリーマンも労働者階級も変わらず読んでいた。戦後になって、労働者階級も雑誌を買うようになっていたのだ。

私は大正時代からはじまる教養主義について、第二章で以下のようにまとめた。

私たちが現代で想像するような「教養」のイメージは、大正～昭和時代という日本のエリートサラリーマン層が生まれた時代背景によってつくられたものだった。労働者と新中間層の階層が異なる時代にあってはじめて「修養」と「教養」の差異は意味をなす。

だとすれば、労働者階級と新中間層階級の格差があってはじめて、「教養」は「労働」と距離を取ることができるのだ。

大正時代から戦前、「教養」はエリートのためのものだった。

だが戦後、じわじわと労働者階級にも「教養」は広がっていく。それはまさに、労働者階級がエリート階級に近づこうとする、階級上昇の運動そのものだった。

1950年代、中学生たちはふたつの進路に分かれざるをえなかった。就職組に入るか、進学組に入るか。1955年（昭和30年）には高校進学率が51・5％になっていた。2人に1人が就職する時代だ。結果的に高校進学率が低かった時代と比較して、家計の事情から就職せざるをえなかった人々の鬱屈は増した。

その鬱屈ゆえに、定時制高校に働きながら通う人々は増えた。50年代半ばまでに50万人を超えた「働きながら高校に通う青年たち」が求めたのは、「教養」だったのだ。教養は、家計の事情で学歴を手にできなかった層による、階級上昇を目指す手段だった。学歴が階級差として存在していた当時、そこを埋めるのは、教養を身につけることだったのである。
しかし定時制高校に通える時間のある人々ばかりではない。そんな彼らが読むようになったのが、当時流行していた「人生雑誌」だったという。

人生雑誌への掲載が優越感をもたらし、低学歴のコンプレックスをいくらかでも和らげたであろうことは、容易に想像できよう。実利や学歴を超越した「生き方」「教養」への志向が、相当な倍率の選別を経て、編集部に承認される。それは、学業優秀ながら高校や大学に進めなかった勤労青年読者の鬱屈を和らげ、その自尊心を少なからず満たすものでもあった。
（福間良明《よしあき》『「働く青年」と教養の戦後史―「人生雑誌」と読者のゆくえ』）

「葦《あし》」や「人生手帖」といったいわゆる「人生雑誌」は、学歴や就職を度外視した「教養」について語る特集が多かった。なにより特別だったのが、読者の投稿を掲載していたことである。農村にいる勤労青年、女性たちの内面がそこで吐露された。あるいは文通欄を設けた。そう、雑誌が、一種のコミュニティ――今で言えば異なる地方にいる人同士が同じ悩みをシェアする

ＳＮＳのような役割を果たしていたのである。

人生雑誌には「農村では親に、夜いつまでも電気をつけて本を読んでいることを咎《とが》められる」という投稿や「農村の嫁にももっと自分の時間が欲しい」という声、「農家の次男は学歴がないのに就職しなくてはならず、困っている」という悩みが掲載されていた。そのような鬱屈を共有できる場として、雑誌があった。

紙の高騰は「全集」と「文庫」を普及させた

もちろん旧制高校、あるいは大学を卒業していた都市部のサラリーマンたちも、戦前から引き続き、同様に「教養」を求めていた。世は空前の教養ブームだったのである。戦前の「円本」ブームの再来かのように、戦後、「全集」ブームがまたしてもやってきた。

１９５２年（昭和27年）には角川書店から『昭和文学全集』、新潮社の『現代世界文学全集』、河出書房から『現代文豪名作全集』など、立て続けに全集が刊行される。

というのも実はこの全集ブームにはある社会状況が関係している。１９５１年（昭和26年）、戦時中から続いていた用紙の割当制が、ついに廃止された。すると統制が解かれた紙価は高騰した。紙が高くて、売れる本が少なければ、出版社はやっていけないのだ。どんどん懐事情が厳しくなっていった出版社は、「ベストセラー」を生もうと奮闘する。ちなみに「ベストセラー」という単語が日本で広がったのは、戦後1950年代のことだった。

懐事情が厳しくなった出版社は、戦前の「円本」ふたたび、と狙ったのである。その狙いはまんまと大当たり。「円本」と同様に新しい家のインテリアとして、「全集」は大量に購入された。

ちなみに現在まで続く「文庫」の普及もこの時期だった。紙が高くなり、とにかく少ない紙で本を発行するために考えられたアイデアが、すでに売れている本の文庫化――単行本より小さいサイズでの刊行――だったのである。なんとも商売魂のこもった話だ。

時代はラジオでNHK紅白歌合戦がはじまり、手塚治虫が漫画を描き、テレビ放送がはじまろうとするタイミング。そう、本格的に「余暇」を埋めるエンタメが、「本」以外に増えようとしている時代だった。

2　サラリーマン小説の流行

源氏鶏太のエンタメサラリーマン小説

1950年代、つまり戦後のサラリーマンの新しい娯楽。それは「パチンコ、株、そして源氏鶏太のサラリーマン小説」だった（鈴木、前掲『〈サラリーマン〉の文化史』）。

パチンコは先述したとおり、そして株もまた1950年（昭和25年）の朝鮮戦争特需、1951年の信用取引制度と投資信託の導入によって、日本の株式市場は大衆にとって身近なものになっていった。しかし小説もまた、「新しい娯楽」なのだろうか。

ここに「源氏鶏太」という名前が入ることが、「新しさ」なのである。

というのも、それ以前のサラリーマンの読書といえば、「教養」一辺倒だった。具体的に言えば、岩波書店の翻訳書。あるいは哲学的な思索に誘う、教訓のある小説。あるいは戦争や貧困についてのルポルタージュ。戦前のベストセラーを見ても、その傾向は強い。

しかしここにきて登場したのだ。

会社を舞台にして会社で働く人が読む小説。「サラリーマンが読む会社小説」が。

茂木さんは大学を出ていなかった。大学どころか小学校を出て、あとは斎藤博士の正則英学塾に学んだだけである。そのあと、どんな苦労をして英語を勉強したのか不明だが、英語にかけては達人と自認し、またその実力があった。外人との交渉にも、会社に茂木さんがいる限り決して不自由をしない。それほどの茂木さんだが、ついに今日まで、嘱託から職員にして貰えなかったのは、学歴の関係もあろうが、もっと大きな理由は、どうやら次の挿話でわかりそうである。

数年前に或る新入社員がやはり茂木さんにやり込められたのである。ただし、その時は、あばたもえくぼ、ではなくて、番茶もでばな、の英語であった。その新入社員は、得意げに引きあげていく茂木さんのうしろから、

「やい、ペーパー・ドッグめ！」

と、口惜《くや》しまぎれにいったのである。

（源氏鶏太『英語屋さん』１９５１年）

これは直木賞を受賞した『英語屋さん』の一場面である。茂木さんは57歳の「英語屋」つま

り通訳者であり、会社の嘱託である。職員ではなく嘱託であることを茂木さんはいつまでも悔いており、職員にしてもらえなかったことをいまだに不満に思っている。

そんな茂木さんは新入社員に「おい、君は大学を出たんだってね」と訊《たず》ねる。相手が頷《うなず》くと、「英語はさぞかしうまいもんだろうね」「ぜひひとつご質問さして頂きたいんだが」と、茂木さんは英語でこのことわざは何というのか?と問う。

もちろん新入社員は答えられない。茂木さんは、そんなことをし続けているのであった。

しかしそんな茂木さんに、「ペーパー・ドッグめ!」と言う新入社員があらわれた。

茂木さんは分からないまま、意味を訊ねる。

「ペーパー」は、紙。「ドッグ」は、犬。つまり、

「紙犬?」

「イエス。すぐ、誰にでも見さかいなしにきゃんきゃんと嚙みつく犬。略して嚙み犬。わかったらしいね。英語屋のくせに、何んにも知らんらしいね。困るね。ダメだね。もっと——」

(同前)

と、新入社員は茂木さんの口調を真似《まね》て言うのだった。

このように源氏鶏太の書く小説は、基本的にサラリーマンおよびサラリーマンの家族を主人公に据える。それは、読みやすく、キャラクターも分かりやすい、サラリーマンのための小説なのだ。

源氏鶏太の小説は、雑誌に1回ずつの読み切りを連載する「読み切り連載」形式をとることが多いのも特徴だ。つまり、サラリーマンが雑誌で、前のあらすじを覚えてなくとも読める小説となっている。

結果として源氏鶏太は、松本清張・井上靖《やすし》と並んで「ベストセラー三人男」と呼ばれ、文壇高額所得番付にランクインするほどの人気作家になった。正直、今読むと小説としては物足りないところもあるのだが（「ペーパー・ドッグ」で「嚙みつき犬」って、どうなんだそのセンスで同僚を貶《おとし》めるのは……！と苦笑してしまうのは私だけか）。しかしサラリーマンが日常の合間に読みやすい、カラッと明るい小説であることはたしかである。

さらにサラリーマンの日常を描いた軽めの小説は、映画化されやすかった。源氏鶏太の代表作である『三等重役』（毎日新聞社、1951年）は映画化され大ヒットした。

このようなサラリーマン向けエンタメ小説が流行するに至ったのも「教養のためよりも娯楽

のために、サラリーマンが気軽に読める本」という需要が高まっていたからだろう。

読書術の刊行が示す「読書危機」

1962年(昭和37年)に刊行された、評論家の加藤周一の『頭の回転をよくする読書術』(光文社)では、さまざまな読書法について触れられている。なかでも印象的なのが、「通勤電車限定の読書をしろ」という部分だ。

片道1時間の通勤を前提とし、加藤は「月に48時間、つまり1年のうち1か月は電車の中にいるんだから、その時間を読書にあてるべきだ」と説く。その読書は満員電車のなかでもページをめくらずに済む外国語の暗記はどうだ……と言っているのだからその勉強意欲に舌を巻くが、実際に通勤電車のなかで往復2時間過ごすことが当然のように語られているのだ。スマホもない時代、雑誌や本を読んで過ごさざるをえないのも当然だろう。パチンコも株も、電車のなかではできない。さらっと読めるサラリーマン小説が求められる理由もよく分かる。

ちなみに同時期の1960年(昭和35年)、ショウペンハウエルの『読書について 他二篇』が岩波文庫から翻訳刊行されている。読書によって自発的な活動をしていこう、と読書の具体的なメリットについて哲学的に語ったこの本がこのころ刊行されたということは、ますますって人々が「読書そのもののメリットってどこにあるのだ?」という疑問を強く抱いていた証ではないか。

そもそも読書の効用や方法について何の疑いも挟まなければ、「読書術」なんて必要ないはずなのだ。しかし読書がほかの娯楽に圧迫されているからこそ——とくに「教養」を受け取るための勉強的な読書であればあるほど——「読書術」がこの時期に刊行されていた。

背景にはテレビや映画の普及、そしてなにより、長時間労働の存在が大きかった。

日本史上最も労働時間の長いサラリーマンたち

源氏鶏太の小説『天下を取る』が石原裕次郎主演で映画化された1960年。厚生労働省の「毎月勤労統計調査」によると、同年の労働者1人あたりの平均年間総実労働時間(事業所規模30人以上)は2426時間だったという。

ちなみに2020年(令和2年)の労働者1人あたりの平均年間総実労働時間は1685時間なのだから、さすがに働きすぎである。現代の1・5倍近く働いている。

どこにそんな時間があったのか。まず当時は週休2日制が普及しておらず、祝日も今より少なかった。さらに有給休暇を取る選択肢もほぼなかったと言って良いだろう。

当時の首相・池田勇人《はやと》が国民所得倍増計画を発表し、4年後の1964年（昭和39年）に東京オリンピック開催が迫り、そのインフラ整備のために都市部の工事がおこなわれ、企業が大量に新規採用していた時代。日本人はとにかく働いていた。戦後の労働時間は実はこのときがピークなのである。

だからこそ、1950〜60年代においては余暇も、職場のコミュニケーションを深めるためのレクリエーションに使われることが多かった、と社会学者の小澤考人《たかと》は指摘する（「近代日本における『余暇』の問題構成」）。

当時、昼休みのスポーツ、社内旅行、そして運動会、あるいは休日のハイキングが盛んに催された。数少ない休日も、職場のレクリエーションで埋まることが多かった。もはや家族のような関係性を築く日本の企業文化は、高度経済成長期の余暇の使い方にもあらわれている。

源氏鶏太の小説を読んでいると、職場の人間関係の問題が、頻繁に登場する。というか、ほぼそれしか書いていないに等しい。それもそのはず、当時は余暇も職場の人と過ごしていたのだ。そりゃ当時のサラリーマンの心を摑《つか》むには、職場の人間関係どうするか、を書くのが一番だよな、と頷く。

やや困った上司や同僚を、スカッとこらしめる。しかし彼らも悪人ではなく、最後にはユーモアのある落としどころで終わる。そんな小説が読まれた背景には、東京オリンピックを前にした空前の長時間労働が存在していたのだ。

3　ビジネスマン向けハウツー本の興隆

「役に立つ」新書の登場

さて、そんな忙しい高度経済成長期のサラリーマンに、本を買ってもらうためにはどうしたらいいだろうか。

その答えは、1961年（昭和36年）刊行のベストセラー『英語に強くなる本―教室では学べない秘法の公開』（岩田一男、光文社）にあった。

同書は当時存在していたインテリ向けの岩波新書に対抗し、「インテリとは違う、新たな読者層を掘り起こす」ことを狙って、カッパ・ブックスレーベルから刊行された。『英語に強くなる本』の新聞広告には、「これからのビジネスで英語に弱いと仕事に自信がもてない」という文が入っている。それは、忙しいサラリーマンを振り向かせるための広告だった。

このようにカッパ・ブックスは、徹底的に、従来の岩波新書的な「新書」イメージの逆をいった。

本のサイズは新書判だが、「新書」という言葉は使わなかった。また、タイトルも分かりやすいものに限定した。たとえば1961年のベストセラーである『記憶術―心理学が発見した20のルール』（南博編）、『頭のよくなる本―大脳生理学的管理法』（林髞《はやしたかし》、刊行は1960年）、『日本の会社―伸びる企業をズバリと予言する』（坂本藤良《ふじよし》）はどれもカッパ・ブックスから刊行されたものだ。このタイトルを見るだけで、現代のビジネス書や自己啓発書のタイトルの源流がここにあることがよく分かる。

もはや「書籍」は、インテリ階級に限られるものではなくなった。仕事に追われる労働者たちにとっても、小説を読む時間や余裕のないサラリーマンにとっても、本は、身近で、役に立つものになった。

「本」を階級から解放する

戦後、カッパ・ブックスの登場によって、「本」は明日のビジネスに役立つかもしれない知識を授けてくれる存在にもなる。

英語に強くなる方法も、頭の良くなる方法も、記憶術も、伸びる企業の予言も、いずれも、明日のビジネスに役立つ知識を教えてくれる。それは「本」をインテリ階級から解放する行為でもあった。

階級が低くても、時間がなくても、労働で生活が埋め尽くされていても、それでも大丈夫なように設計された、「本」を読ませる仕掛けだった。

いうなれば源氏鶏太の小説も同様だ。あまり小説を読み慣れていない、難しい漢字が入っていないほうが楽に読める層に向けて、彼は小説を書いている。それはまさに、小説を大衆向けに、階級差から解き放つ行為だった。

雑にまとめてしまえば、高度経済成長期の長時間労働は、日本の読書文化を、結果的に大衆に解放したのである。サラリーマンが増えた時代、みんな働いているのだから、働いている人向けの本を出すのが、一番売れるはずだ。出版社はそのように考え、余暇時間の少ないサラリーマンに売るために、サラリーマンに特化した本——つまり「英語力」や「記憶力」を向上させるハウツー本や、読みやすくて身近なサラリーマン小説を誕生させたのだ。そしてそれは結果的に、労働者階級に読書を解放することになった。読書が大衆化し、階層に関係なく、読書するようになる時代の到来である。

勉強法がベストセラーになる時代

冒頭で言及した『花束みたいな恋をした』の主人公である麦は、労働の余暇に、「パズドラ」をして、書店で起業家の前田裕二が書いた自己啓発本『人生の勝算』を手にしていた。もしかすると、それは1960年代であれば、労働の余暇に、パチンコをして、書店で『頭のよくなる本』を手にするようなものだったのかもしれない。そしてそういう人は大量にいたのだから、時代が変わっても、案外私たちのやることは変わらないのかもしれない。

それでもあえて変化した点を見出すとすれば、当時はまだ、ベストセラーになるタイトルが「頭の良さ」や「記憶力」や「英語力」だったのだ。つまり成功する一要素として「勉強ができること」があった。

麦が「人生の勝算」、つまりもはや頭の良さとかどうでもよくて、ただ人生で「勝つこと」を志向するに至るまでには――もうすこし、50年以上の時の流れを見ていかなくてはいけない。

第五章　司馬遼太郎の文庫本を読むサラリーマン
——１９７０年代

1　司馬遼太郎はなぜ70年代のサラリーマンに読まれたのか？

なぜみんな『坂の上の雲』を買ったのだろう？

「まことに小さな国が、開化期をむかえようとしている」

——その文章が掲載されたのは、昭和43年、１９６８年4月22日の「産経新聞」夕刊だった。

言うまでもなく、タイトルは『坂の上の雲』である。明治維新を経た日本が、近代国家として日露戦争に向かっていった時代。その歴史を生きた３人の男を主人公に据え、明治時代の日本を描いた物語だ。

『坂の上の雲』というタイトルからも分かるとおり、この物語の主軸は、「意気揚々と坂をのぼっていくことができた」時代のロマンチシズムにある。

仙波にいわせれば、平民の子でも刻苦勉励すれば立身することができる、これは御一新のおかげであり、この国をまもるためには命をすてる、といった。

立身出世主義ということが、この時代のすべての青年をうごかしている。個人の栄達が国家の利益に合致するという点でたれひとり疑わぬ時代であり、この点では、日本の歴史のなかでもめずらしい時期だったといえる。

（司馬遼太郎『坂の上の雲』）

そう、立身出世の時代の物語だったのだ。

たしかに明治時代といえば、本書でも見てきたとおり『西国立志編』――"Self-Help"が流行し、立身出世が叫ばれたはじめての時代だった。日本の自己啓発の源流、「仰げば尊し」の世界観である。『坂の上の雲』が舞台としたのは、まさしく「坂の上をみつめ、坂をのぼってゆく」明治時代だった。

文庫版『坂の上の雲』がベストセラーとなったのは１９７０年代。

高度経済成長期を終わらせたと言われるオイルショックの最中、文庫創刊が相次ぎ、さらにテレビという新しい娯楽が影響力を持っていた時代のことである。

司馬作品の魅力の源泉

司馬遼太郎は、当時のサラリーマンたちに愛された作家だった。司馬作品の受容を研究した福間良明は、1970年代の司馬作品の読者層について、「司馬作品は（それまでの主婦層や若い青年層に愛されたベストセラー作品と異なり）ビジネスマンに偏って読まれていた」ことを指摘する。司馬作品に挿入される「教養」が読み込まれた結果として、70年代ビジネスマンに広く受容されたのだ。

司馬作品は、ビジネスの短期的・中期的な実利に直結するものとして読まれたのではない。あくまで「歴史という教養」を通した「人格陶冶」が、読書を通して模索された。そこには、ビジネス教養主義とでもいうべきものが、浮かび上がっていた。

（『司馬遼太郎の時代―歴史と大衆教養主義』）

たしかに福間が指摘するとおり、当時のビジネスマンにとってある種の手軽な教養主義――つまり「歴史という教養を学ぶことで、ビジネスマンとしても人間としても、優れた存在にのし上がることができる」という感覚――の帰結が、司馬遼太郎だったという面もあるだろう。だが一方で、たとえば冒頭に引用した『坂の上の雲』はかなり長い作品である。文庫本で全8巻もある超大作だ。この長い作品を、単なる「歴史豆知識本」として読むことができるだろうか？

司馬作品が読まれたのは、本当にその教養主義の香りによるものだけだったのか。司馬作品にしばしば見られる、「乱世に活躍する人物」というヒーロー像への陶酔は存在しなかったのだろうか。

70年代を生きた日本のサラリーマンにとって、「司馬遼太郎を読む」という体験は、いかなるものだったのだろう？

2　テレセラーの誕生と週休1日制のサラリーマン

テレビによって売れる本

さて、時計の針を少し戻そう。

1970年代、日本の娯楽界における覇者は、テレビだった。

白黒テレビは1964年（昭和39年）の東京オリンピックのころには、9割以上の家庭で保有されるに至る（佐藤卓己『現代メディア史　新版』）。テレビの普及によって映画産業は以前ほどの存在感を持たなくなり、1970年代には娯楽といえばテレビ、という状態になっていた。

テレビドラマの存在感が強くなったのもこのころだ。70年代には『太陽にほえろ！』（1972〜86年）、『必殺仕掛人』（1972〜73年）、そして『寺内貫太郎一家』（1974年）といったドラマが大ヒット。小説家の松本清張や五木寛之の作品もまたドラマ化され、お茶の間に浸透していった。そしてそれは出版にも影響を与えた。「テレセラー」つまり「テレビによって売れる本」という呼称ができたのも60年代末〜70年代のことだった。三浦綾子の『氷点』

（1965年）をはじめとして、テレビドラマ化によって小説が売れる、という循環がそこには生まれていた。

土曜8時のテレビと週休1日制

テレセラーはドラマの原作とは限らない。現代にもしばしば見られる「バラエティ番組から出る本」もこのころ生み出された。

たとえば当時のゴールデンタイムこと土曜8時に、1975年（昭和50年）から開始した『欽ちゃんのドンとやってみよう！』（フジテレビ）。一時的に『8時だョ！全員集合』（TBS）を抜くほどの人気番組となった。すると、視聴者のコントを集めた本『欽ドン―いってみようやってみよう』（集英社、1975年）が新書判で刊行され、瞬く間にシリーズ化、1975年のベストセラー3位に入っている。当時の「テレセラー」がどれほど強いものだったのかよく分かる。

しかしなぜ「土曜8時」がこんなにも人気になっていたのだろう？　『コント55号の世界は笑う』（フジテレビ）とドリフターズの『8時だョ！全員集合』などが放送される時間帯はいずれも、「土曜8時」だった。

この背景にはサラリーマンたちの休息の問題がある。1970年代、サラリーマンたちにとって土曜日の夜は唯一の休日前夜だったからだ。

一九七二年（昭和四七）年五月一一日号の『週刊現代』記事「平均的サラリーマンの〈休日〉白書」によると一〇人中四人が、休日は家でゴロゴロしてテレビを見て過ごすのだそうで。

「ねえ、お父さん、休みなんだから家族でお出かけしようよぉ」

「オレは毎日働いて疲れてるんだから、週に一度の休みくらいウチでゴロゴロさせてくれよ」

などという、昭和のお父さんの鉄板イメージが定着したのがこの時代。

（パオロ・マッツァリーノ『サラリーマン生態100年史―ニッポンの社長、社員、職場』）

日曜の過ごし方に「テレビを見てだらだらする」という選択肢が入ってきたのが、この時代だった。

多くの企業が週休2日制を導入するに至るには、1980年代を待たなくてはいけなかった。

たった1日しかない休日の夜である日曜夜8時。その時間に放送されたのが、NHK大河ドラマだった。

「テレビ売れ」に怒る作家、「TikTok売れ」に怒る書評家

テレセラー、つまりは「テレビのおかげで売れる本」。その筆頭が、大河ドラマによる歴史小説売れ、であった。NHK大河ドラマ『竜馬がゆく』（1968年）、『天と地と』（1969年）の成功により、書店に原作本が大量に並ぶ、という現象が起きた。

たとえば海音寺潮五郎『天と地と』。同書は上杉謙信を主人公に据えた、戦国時代の歴史小説である。1962年（昭和37年）に朝日新聞社から刊行されたときは上下巻合計2万部程度の売り上げだった。その後1969年（昭和44年）の大河ドラマ放送期間中に、朝日新聞社は廉価版（全3巻）を刊行。すると合計150万部を売り上げ、ベストセラーになった。

だが、作者はこのような傾向に腹が立ったらしい。なんと海音寺潮五郎は、「テレビが栄えて、文学がおとろえつつある」と述べて引退宣言を発表したのだ（澤村修治『ベストセラー全史【現代篇】』）。

……突然個人的な感想を挟んで恐縮だが、私はこの逸話を読み、正直「TikTokで本が売れ

ることを嘆く現代の大人と一緒だ！」と叫んでしまった。TikTokで小説を紹介する文化が台頭したときも、そのことをＳＮＳで批判した書評家に賛否の声が寄せられた。そう、ここにあるのは現代と変わらない構造ではないか。[*1]

　現代においてTikTokは短時間で動画が移り変わることが重視されている新しいメディアであり、個人でじっくり読ませる小説というメディアと対極の存在かもしれない。だが、それでも入り口はTikTokだろうがなんだろうが、本と出会えるなら何でもいいはずだ。と私なんかは思うのだが、この「海音寺潮五郎、テレビ売れに激怒引退宣言」を見る限り、「新興メディアの登場によって文学の影響力が後退することを危惧する」傾向は、昭和から令和に至るまで変わっていない。実際、テレビが娯楽の中心となり、70年代のサラリーマンの「休息」の象徴が、小説ではなくテレビとなったのはたしかであろう。それはまさに現代の私たちの「休息」の象徴が、小説やテレビではなくスマホとなったのと同様に。

　１９７０年（昭和45年）の時点で、テレビの登場によって本の影響力の弱体化を危惧する声はあった。だがテレビによって小説はむしろ、歴史小説やエンタメ小説といったジャンルのベストセラーを生み出すことに成功したのではないか。事実、『天と地と』はテレビがなかったらここまで影響力を持たなかったのだ。

いつだって、私たちは書店に行かないと本が選べないわけではない。書店の外側で――あるときはテレビで、あるときはスマホで――本への入り口を得ている。

3　70年代に読む司馬作品のノスタルジー

通勤電車と文庫本は相性が良い

１９７０年代、それは出版界における文庫創刊ラッシュの時代だった。１９７１年（昭和46年）に講談社文庫、１９７３年（昭和48年）に中公文庫、１９７４年（昭和49年）に文春文庫、１９７７年（昭和52年）に集英社文庫が創刊される。新潮文庫や岩波文庫を追いかける形での創刊ラッシュ。オイルショックによる紙不足も深刻だったなか、それでも文庫創刊に踏み切ったことで、各出版社は新たなベストセラーを生み出すに至った。廉価で携帯にも便利な文庫は、今に至るまで書籍購入のハードルを下げている。

とくに「通勤電車のなかで文庫本を読む」という風景は、このころ強く根づいたのだった。国土交通省作成「大都市交通センサス」によれば、首都圏の鉄道定期利用者の平均移動時間は１９７０年には1時間以下が70％だった。が、１９８０年（昭和55年）には1時間以下は46％――つまり70年代を経て、首都圏の定期券利用者の過半数は1日1時間以上電車に乗っているのが普通になっていった。

ちなみに近畿圏でも同様の傾向になっており、１９７０年には通勤時間1時間以下が76％だったのが、１９７５年には55％となっている。首都圏よりも全体的に所要時間は短いものの、それでも半分近くが毎日1時間以上かけて通勤・通学していたのである。スマホもない時代、本や雑誌を読む人は大勢いただろう。

本章冒頭に引用した司馬遼太郎の作品もまた、文庫本になってさらに広く受容された。福間良明によると、司馬の主要長編の単行本は１９６０年代半ばから後半に刊行されたが、文庫化されたのは１９７０年代半ば以降だった（前掲『司馬遼太郎の時代』）。70年代に刊行された文春文庫の売り上げ1位は『竜馬がゆく』、6位が『坂の上の雲』。どちらも文庫本にして全8冊という大長編小説である。

しかしこれらの長い小説を、サラリーマンたちは、はたして通勤電車のなかで読めたのだろうか？　この長さに、彼らは耐えていたのだろうか？

70年代と企業文化の定着

そこには1970年代という時代背景が存在していた。

70年代、それは高度経済成長期がオイルショックによって終わり、公害問題が叫ばれた時期であった。文芸評論家の斎藤美奈子はこの季節を、「資本主義のほころびを突きつけられた時代」と評する（『日本の同時代小説』）。

一方で、戦後に突貫工事のように社会をつくり上げていた世代が、現在に至るまで続く「日本企業」のフレームワークをしっかり規定した時代でもあった。つまりこの時代、日本政府も日本企業も、俺たちは「終身雇用、年功序列賃金制度、企業別労働組合」でいこう、それが一番だ、と決めた。「え、でも70年代ってオイルショックで不景気になって、高度経済成長期が終わったんじゃないの？　なんで企業は高度経済成長期の体制のままでいいと思ったの？」と思われた方もいるかもしれない。しかしこれについて社会学者の小熊英二は、むしろ逆に「オイルショックがあっても耐えた」経験から、日本型企業の仕組みに、日本政府も日本国民も自信を持ったのだ、と説明する。

「ジャパン・アズ・ナンバーワン」の結果は日本型雇用によってこそ生み出されたのだ、という自信である。

石油ショックによって失業の危機がおきると、政府は日本企業の雇用慣行を活用して、解雇を避けるように補助した。その具体策として、一九七四年に雇用保険法を制定し、雇用調整給付金で休業手当を補助し、関連企業への出向を支援した（原文注7）。

労働組合も雇用の維持を優先し、賃上げ要求を抑制して、配置転換をいっそう容認するようになった。一九七九年、大槻《おおつき》文平日経連会長が年頭あいさつを行ない、石油ショックを乗り切ったのは減量経営・生産性向上・賃金抑制に取りくんだ成果であり、「その背景にあるものは日本的労使慣行であり、なかでも労使一体感や運命共同体的な考えにある企業別組合の存在」だと述べた（原文注8）。

（原文注7：兵藤釗《つとむ》『労働の戦後史』下巻、353～355頁、東京大学出版会、1997年）

（原文注8：木下武男「企業主義的統合と労働運動」、渡辺治編『高度成長と企業社会』所収、151頁、吉川弘文館、2004年）

（小熊英二『日本社会のしくみ―雇用・教育・福祉の歴史社会学』）

つまりこの時代にこそ、私たちが想像する「日本企業的文化」が定着したのだ。

企業の「自己啓発」重視文化の誕生

そして1970年代に入り、もうひとつ企業文化に変化が訪れる。企業内教育において「自己啓発」という言葉が使用され始めたのだ。

オイルショック以前の1960年代高度経済成長期において問題となったのは、とにかく労働力不足だった。人が足りないなかで、経験のない従業員にいかに技術をつけさせるか——つまり企業の労務管理は人的能力開発をいかにおこなうか、という論点が主だった。

そのなかで、日本企業は企業内部昇進制を定着させる。これは一般に私たちが想像するような昇進制度、つまりは年功序列制と職能資格制を合わせた形の昇進制度である。新卒で社員全員が同じ条件のもとで入社し、研修や実務を通して、ビジネススキルの向上を目指す。そのような制度が高度経済成長期に一般的になった。

しかしその後、1974年、実質経済成長率がマイナスに転じる。日本の企業は解雇制度が一般的でないため、人が余る。そのなかで昇進のための評価を定めなくてはいけない。

日本企業の内部昇進制における評価基準は、①成績考課（仕事の質・量など）、②情意考課（組織の一員としての従業員の態度や意欲、積極性や協調性など）、③能力考課（習得能力、習熟能力）の

3点であると言われる（熊沢誠『日本的経営の明暗』）。「情意考課」とは仕事において積極的に取り組む「姿勢」や、他者と協調しようとする「態度」を評価において重視するということだ。

しかし当然ながら、姿勢や態度の評価なんて、成果と比べればきわめて主観的なものになってしまう。そこで企業は「自己啓発」という概念を導入することで、社員の評価の公平性を担保する工夫に出たのである。要は、「自己啓発しているかどうか」——自発的意思で能力を上げているかどうかを、セミナーの出席度や資格の取得度や勤務日数で判断したのだ。社員の評価項目のなかに「自己啓発」項目をつくることで、現在の能力値ではなく、積極性や協調性という「態度」を企業は評価することができるようになった。

つまりは企業が期待するサラリーマンであってくれるための努力を、社員が勤務時間外に、自発的におこなうこと——それは「自己啓発」という概念に収斂《しゅうれん》されていった。

それは60年代的な、高度経済成長期の企業文化にたしかに存在した「みんなが横並び」「みんなで頑張る」世界観の綻《ほころ》びでもあった。前章で見たように、60年代には会社仲間で休日にスポーツをやるような企業も多かった。が、70年代には高度経済成長期は終わり、自分で自分を努力させるような能力が評価されるようになりつつあった。

自己啓発というと現代的な概念に思えるが、その萌芽《ほうが》は70年代の日本企業文化にすでにあったのだ。

「国家」と「会社」の相似性

さて、そんな企業文化の変化に適合させられている最中のサラリーマンたちは、司馬遼太郎を読んでいた。

司馬は単行本『坂の上の雲』第1巻のあとがきで、このように述べている。

> 明治は、極端な官僚国家時代である。われわれとすれば二度と経たくない制度だが、その当時の新国民は、それをそれほど厭《いと》うていたかどうか、心象のなかに立ち入ればきわめてうたがわしい。社会のどういう階層のどういう家の子でも、ある一定の資格をとるために必要な記憶力と根気さえあれば、博士にも官吏にも軍人にも教師にもなりえた。そういう資格の取得者は常時少数であるにしても、他の大多数は自分もしくは自分の子がその気にさえなればいつでもなりうるという点で、権利を保留している豊かさがあった。こういう「国家」というひらけた機関のありがたさを、よほどの思想家、知識人もうたがいはし

なかった。

この「国家」を「会社」に変換すれば、それはそのまま1960年代論になる――と私は感じてしまう。

60年代は、会社に入りさえすれば、という夢があった時代だった。受験勉強を経て、学歴を得られたら、つまり必要な記憶力と根気さえあれば、社会を上向きに登っていけるという予感がそこにはあった。

「そういう資格の取得者は常時少数であるにしても、他の大多数は自分もしくは自分の子がその気にさえなればいつでもなりうるという点で」、企業への就職という在り方が、たしかに60年代においては、「ひらけた」選択肢だっただろう。

だが『坂の上の雲』が文庫化されて広く読まれた70年代、そんな高度経済成長期はすでに遠いものになってしまっていた。

だとすれば『坂の上の雲』という明治時代の立身出世の物語は、高度経済成長期へのノスタルジーそのものではなかっただろうか。

社会不安の時代に読む『竜馬がゆく』

1970年代、『ノストラダムスの大予言』(五島勉、祥伝社)が1973年に刊行され、あるいは同年刊行の『日本沈没』(小松左京、光文社)といった社会不安を煽るような作品がベストセラーとなる。あるいは認知症を主題にした小説『恍惚《こうこつ》の人』(有吉佐和子、新潮社、1972年)も大ヒットする。

社会不安を感じさせる作品が流行したころ、やはり文庫でベストセラーとなった『竜馬がゆく』もまた、幕末という乱世を、世渡りによって生きていく主人公の物語だった。『竜馬がゆく』の連載は1960年代だったが、今読むと、主人公の坂本竜馬は70年代的キャラクターに見える。実際、連載開始から10年以上経った70年代半ばに文庫化された『竜馬がゆく』は、70年代を代表するベストセラーとなった。

第一流の人物というのは、少々、馬鹿にみえる。少々どころか、凡人の眼からみれば大馬鹿の間ぬけにみえるときがある。そのくせ、接する者になにか強い印象をのこす。

(『竜馬がゆく』)

このような竜馬の姿は、まさに「情意考課」つまり「人柄や態度によって査定が決まる」日本社会に合致したヒーロー像だっただろう。黒船がやってきて明日どうなるとも知れぬ幕末の時代を、「事をなさんとすれば、智と勇と仁を蓄えねばならぬ」と言いながら、社交的な人柄や他人への仁義ある態度によって成功していく竜馬。それはまさに、当時の社会不安を反映したキャラクターにも見える。

だが一方で、作者の司馬自身は、そのように企業的立ち振る舞いと歴史上の人物を重ねて気持ち良くなるような読み方を快く感じていなかったらしい。

なんと司馬は、「経営者やビジネスマンが、私の書いたものを、朝礼の訓示に安直に使うような読み方をされるのはまことに辛い」と漏らしていたという（福間、前掲『司馬遼太郎の時代』）。

だが司馬の意図に反して、文庫というメディアで広がる彼の作品は、「司馬ブーム」を引き起こし、70年代というオイルショックの時代を牽引《けんいん》することになる。

『坂の上の雲』は懐メロだった？

小説以外のジャンルにおいては、１９７０年代、土居健郎《どいたけお》『甘えの構造』（弘文堂、１９７１年）、梅棹《うめさお》忠夫・多田道太郎『論集・日本文化』（講談社現代新書、１９７２年）など次々に日本人論が発表され好評を博す。が、それらの論調の多くは西洋と比較したときの日本人を肯定するものだった（谷口浩司「社会学と日本人論―『社会と個人』再考」）。要は、本当かどうか分からない「日本人論」、日本という国を肯定する言説として広まったのだ。

司馬作品の戦国武将や明治の軍人たちの在り方に、サラリーマンが自分の組織論や仕事論を投影して読む在り方は、まさにこの時代の「日本人論」と通じるものがある。

つまり、高度経済成長期を経て、欧米と肩を並べる日本という存在を考えたとき、歴史や日本文化の伝統を持ち出しながら、日本人的振る舞いを肯定したくなる。だが一方でその裏には、不安があった。このまま昔と同じように、日本が坂の上を目指して、ただ坂道をのぼっていける時代はもう来ないのではないか、と。

竜馬や、『坂の上の雲』の秋山兄弟のように、近代国家として日本が先進国に追いつこうとした時代の男たちのように――自分たちが生きられた時代はたしかにあった。それは60年代へのノスタルジーだった。

たしかに司馬が危惧したような「朝礼の訓示に安直に使える」教養の小ネタ集であったこともまた、司馬作品が読まれた理由のひとつではある。だが、一方で司馬作品には、香り立つような60年代高度経済成長期的「坂をのぼってゆく」感覚が閉じ込められている。

政府も小世帯であり、ここに登場する陸海軍もそのように小さい。その町工場のように小さい国家のなかで、部分々々の義務と権能をもたされたスタッフたちは世帯が小さいがために思うぞんぶんにはたらき、そのチームをつよくするというただひとつの目的にむかってすすみ、その目的をうたがうことすら知らなかった。この時代のあかるさは、こういう楽天主義《オプテイミズム》からきているのであろう。

（中略）楽天家たちは、そのような時代人としての体質で、前をのみ見つめながらあるく。のぼってゆく坂の上の青い天にもし一朶《いちだ》の白い雲がかがやいているとすれば、それのみをみつめて坂をのぼってゆくであろう。

（『坂の上の雲』単行本第1巻の「あとがき」）

会社外での自己啓発を求められたりせず、会社内ですべて仕事と人間関係を完結できていた、「小さい」会社だった時代。「その目的をうたがうことすら知らなかった」楽天家たちの時代。それはまさに、失われた高度経済成長期の物語そのものだった。

だからこそ当時のサラリーマンは、『坂の上の雲』も『竜馬がゆく』も、あんなに長いのに、それでも通勤電車で読んでいられたのではないか。ノスタルジーこそが、最も疲れた人間を癒やすことを、彼らは知っていたからだ。

懐かしさに陶酔する姿は、もしかすると傍から見たら滑稽かもしれない。しかし懐かしさだけが救える感覚があることを、もしかすると、司馬作品を読む通勤電車のサラリーマンは知っていたのではないか、とすら思う。

第六章　女たちのカルチャーセンターとミリオンセラー
——1980年代

1　バブル経済と出版バブル

「嫁さんになれよ」だなんて言えない時代になっても

「嫁さんになれよ」だなんてカンチューハイ二本で言ってしまっていいの

（俵万智『サラダ記念日』）

こんなシチュエーション、どう考えても令和には起こりえない。と、1980年代のベストセラー『サラダ記念日』に収められた歌を読んで、苦笑してしまう。

　今や結婚の二文字は缶チューハイ2本で冗談めいて言えるような気軽なものではなくなったし、そもそも「嫁さん」になってもいない女を「嫁さん」という呼び方をする男を令和の女は信頼しないのではないか。しかしこの歌が詠まれた80年代には、これがリアルだったのだろう。この歌が収録された『サラダ記念日』は１９８７年（昭和62年）に刊行され、そして瞬く間に大ベストセラーになった。この歌が若者たちの心を摑んだのだ。今となっては、男性が「嫁さんになれよ」なんて気軽に言えていた時代から遠くにきたな、という実感しか浮かばないけれど。

　が、そんな80年代から遠く離れた時代になっても、ずっと変わらないことがある。

「若者の読書離れ」という言葉である。

　現代においては「若者の読書離れ」なんて言われても、スマホがあると本を読まないのは仕方ないよねうんうん、と頷くほかない。が、実は「若者の読書離れ」という言葉が定着したのはなんと40年も前のことだったのだ。

　１９７０年代から言及され始めた「若者の読書離れ」という言説は、80年代にはすでに人々の間で常識と化していた。読売新聞と朝日新聞で「若者の読書離れ」を問題にした記事を調査すると、80年代に激増していた（清水一彦「『若者の読書離れ』という〝常識〟の構成と受容」）。日本人はほぼ半世紀もの間、ずっと「若者の読書離れ」を憂いてきたのだ。

ミリオンセラーと長時間労働サラリーマン

しかし少なくとも1980年代、出版業界の売り上げはピークを迎えつつあった。

1985年（昭和60年）のプラザ合意からはじまった「バブル景気（バブル経済）」の好景気に日本社会は沸いた。そして世間と同様、出版業界もまた、バブルに沸いていた。出版科学研究所の算出した出版物の推定販売金額によれば、80年代の売り上げは右肩上がり。70年代には1兆円の売り上げだった出版業界が、90年代初頭には2兆円を超える。ほとんど倍の盛り上がりだ。出版業界倍増計画の時代、それが80年代だった。

80年代に刊行された具体的な書籍の名前を挙げると、黒柳徹子の私小説『窓ぎわのトットちゃん』（講談社、1981年）は500万部を突破し、村上春樹の小説『ノルウェイの森』（講談社、1987年）は上下巻合計350万部、俵万智の歌集『サラダ記念日』は200万部を突破、吉本ばななの小説『TUGUMI』（中央公論社、1989年）は140万部を突破した。どれも1〜2年で売れた数である。売れすぎである。歌集や私小説が、何百万部も売れる世界。

2023年現在、YouTuberの本が30万部超えで「売れすぎだ」と驚かれ、新人歌人の本が書店にたくさん並ぶだけで「短歌ブームだ」と感動する世界であることを考えると……80年代はもはや異世界だ。景気が良すぎる。

80年代、読書離れなんてしていたはずがない。——80年代から40年後の今となっては誰もがそう思うだろう。

一方で、長時間労働をしているサラリーマンもまた、右肩上がりで増えていた。80年代の終わりごろ、平日1日あたり10時間以上働くフルタイムの男性労働者の割合は3人に1人ほどになっている（黒田祥子「日本人の労働時間は減少したか？—1976—2006年タイムユーズ・サーベイを用いた労働時間・余暇時間の計測」）。そして平日の余暇の時間も、70年代と比較すると減りつつあった（黒田祥子「日本人の余暇時間—長期的な視点から」）。

平日の長時間労働が増えた結果、余暇が減っていたのである。働く男性たちは、どんどん余暇がなくなっていく。

はたしてなぜ80年代には、長時間労働も増えているのに、読書文化もまた花開いているのだろう。

考えてみれば、バブルという華やかな時代の印象と、読書という地味なメディアの印象は、どうにもずれているような気もしてくる。景気がいいとき、本は売れるのだろうか？　みんな長時間労働で疲れて本なんて読めないのではないだろうか？

「嫁さんになれよ」と言う男たちは、そして言われていた女たちは、いつ本を開いていたのだろう。

2　「コミュ力」時代の到来

サラリーマンに読まれた「BIG tomorrow」

第五章で見たように、１９７０年代のサラリーマンたちの読書風景として象徴的だったのは、通勤電車で読む司馬遼太郎の文庫本だった。それは高度経済成長期を終え、徐々に「自助努力」が説かれつつあった企業文化の産物でもありながら、それでいて教養や修養を重視する勤勉なサラリーマン像の象徴だった。

対して、80年代の出版バブルを支えていた存在。それは、雑誌であった。

たとえば１９８０年（昭和55年）に創刊された雑誌「BIG tomorrow」（青春出版社）は、男性向け雑誌のなかで圧倒的な人気を博していた。

同じビジネス雑誌ジャンルでも当時の「will」や「プレジデント」はエリート層サラリーマン向け雑誌だった（谷原吏「サラリーマン雑誌の〈中間性〉―1980年代における知の編成の変容」）。これらの雑誌の内容は「歴史上の偉人から教訓を学ぶ」教養重視。つまりは通勤電車で司馬遼太郎の小説を読み、登場人物の生き様から教訓（と朝礼の訓示のネタ）を得ようとするサラリーマン層の延長線上に位置する雑誌である。そこに知識人、教養人を目指すエリート的自意識を見出してもいいかもしれない。

しかしそれよりも人気だったのが「BIG tomorrow」だった。

「BIG tomorrow」は、「職場の処世術」と「女性にモテる術」の2つの軸を中心にハウツーを伝える、若いサラリーマン向け雑誌である。この2つの軸を示すだけでも分かるとおり、この雑誌に教養主義的な側面はほとんどなく、すぐに使える具体的な知識を伝えることを重視する。そしてその知識は、読心術や心理話法といった、90年代的な「心理主義」に近いものである。

司馬遼太郎の歴史小説から教訓を学ぶよりももっと即物的に、明日使える知識を伝える雑誌。それが「BIG tomorrow」のコンセプトだったのだ。

70年代の「教養」と80年代の「コミュ力」

なぜ処世術やモテ術を語った「BIG tomorrow」は1980年代に人気を博したのか？　答えは簡単で、サラリーマンの間で「学歴よりも処世術のほうが大切である」という価値観が広まったからだ。

80年代、大卒イコール少数のエリートという意識は薄れ、それよりも入社した後の企業内の昇進が注目されるようになった。つまり学歴で最初からコースが分かれるというよりも、学歴に関係なく「自分も出世できるかもしれない」という期待を入社後も持つことのできる文化が醸成されていたのだ。

そして企業に入った後の出世コースの「選抜」においては、学歴や知識ではなく、処世術、つまりコミュニケーション能力が重視されていた。

こうして60〜70年代にあったサラリーマンの間の教養主義の残り香は、80年代には、消え去ることになる。労働に教養が貢献しなくなったからだ。

70年代にはまだ、進学できなかったことによる学歴コンプレックスから教養を求める労働者が多数存在した。だが80年代になり、進学率が高くなるにしたがって、学歴よりも、コミュニケーション能力を求める労働者のほうが多くなった。

労働に必要なのは、教養ではなく、コミュニケーション能力である。——当時のサラリーマンがおそらく最も読んでいたであろう「BIG tomorrow」のコンセプトからは、そのような当時の思想が透けて見える。

70年代までは、教養——の延長線上にある「学歴」こそが労働の市場に入り込む必須条件であり、それを手にしていないことへのコンプレックスも大きかった。

しかし80年代になると、学歴ではなく、「コミュニケーション能力」を手にしていないコンプレックスのほうがずっと強くなったのだ。

「僕」と「私」の物語はなぜ売れた?

このような補助線を引くと、1980年代のベストセラー文芸——『窓ぎわのトットちゃん』が500万部超、『ノルウェイの森』が350万部超、『サラダ記念日』が200万部超——という華麗なる発行部数にも、ある種の合点がいく。というのもこの3作品、どれも一人称視点の物語なのだ。

『窓ぎわのトットちゃん』と『ノルウェイの森』と『サラダ記念日』の共通点。それは作者の私小説的なフォーマットに則《のっと》っていることである。

『窓ぎわのトットちゃん』が自伝的フィクションなのは明白として、『ノルウェイの森』は、ワタナベという主人公の名は作者の村上春樹とは別にあるものの、描かれた学歴や時代性などは作者本人の私小説かと読者に思わせる。本当に私小説かどうかはさておき、読者にそのような印象を与えているということだ。そして『サラダ記念日』は短歌という、主語が作者であることが前提の文芸だ。

つまりこの3作品、どれも「僕」や「私」の物語なのである。


一週間たっても電話はかかってこなかった。直子のアパートは電話の取りつぎをしてくれなかったので、僕は日曜日の朝に国分寺まで出かけてみた。彼女はいなかったし、ドアについていた名札はとり外されていた。窓はぴたりと雨戸が閉ざされていた。管理人に訊《き》くと、直子は三日前に越したということだった。どこに越したのかはちょっとわからないなと管理人は言った。

僕は寮に戻って彼女の神戸の住所にあてて長文の手紙を書いた。


（村上春樹『ノルウェイの森』）

70年代のベストセラー文芸が松本清張や小松左京といった社会と自分の関係をしっかり結んでいる作家の作品だったのに対し、80年代ベストセラー文芸は、「僕」「私」の物語を貫き通す。「僕」から見た世界は、「私」から見た関係は、今こうなっている。そしてその「僕」「私」視点は、ほかの人に届くかどうか、分からない。もしかしたら届かないかもしれない。しかし「僕」「私」の思いは、コミュニケーションで伝えられなくとも、自己表現されうる。それが80年代ベストセラー文芸に見る傾向なのだ。

そう、70年代と比較して、80年代は急速に「自分」の物語が増える。そしてそれが売れる。これは当時、コミュニケーションの問題が最も重要視されていたからではないか。

自分と他人がうまくつながることができない、という密《ひそ》かなコンプレックスは、翻って「僕」「私」視点の物語を欲する。

社会ではなく、「僕」「私」の物語を、みんな読みたがっていた。

それは労働市場において、学歴ではなくコミュニケーション能力が最も重視されるようになった流れと、一致していたのだ。

書籍購入金額の推移

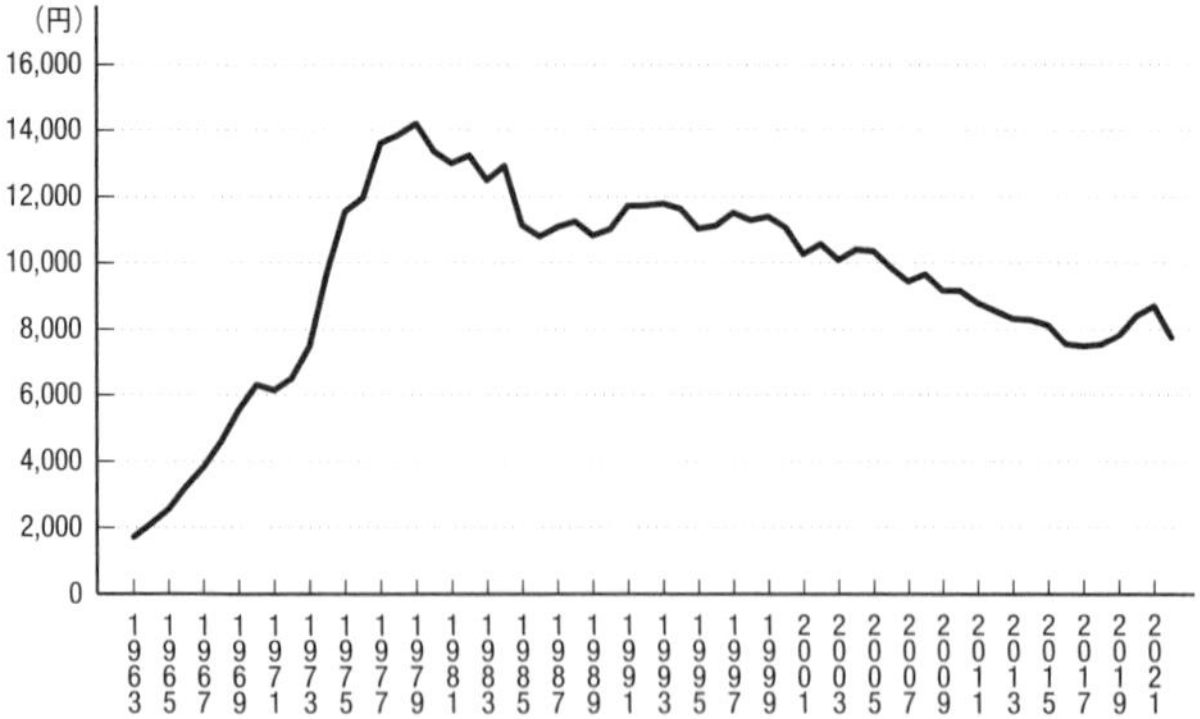

総務省統計局「家計調査年報（家計収支編）」、「1世帯当たり年間の品目別支出金額、購入数量及び平均価格」をもとに作成（1963〜2017年は「二人以上の非農林漁家世帯」、2018年以降「二人以上の非農林漁家世帯」の項目が廃止されたため「二人以上の世帯」の数字を採用）

本をみんな読んでいた？

しかしミリオンセラーが連発される一方、実は1世帯あたりの書籍購入金額は、１９７０年代末期と比べ１９８０年代には少なくなっていた。総務省統計局が毎年おこなっている家計調査（家計収支編）の結果によれば、「書籍」の購入金額は１９７９年（昭和54年）をピーク（1万４２０６円）として、80年代にはやや落ち込んでいたのである（１９８９年には1万８１８円）。

つまり80年代、世帯単位では「書籍離れ」がたしかにはじまっていた。

ちなみに２０２０年代現在、1世帯あたりの書籍購入金額はいまだに右肩下がりである（２０２２年の書籍の購入金額は７７３８円）。80年代から2000年代に至るまで、男性の平日の余暇が減る（黒田、前掲「日本人の余暇時間」）と同時に、書籍の購入金額も減っている。1世帯あたり書籍に費やすお金は、70年代末期がピークだったと言えよう。

ならばなぜ、80年代にこんなにもミリオンセラーが登場していたのか。

それは単に、人口増の恩恵だった。

そもそも人口が増えれば、書籍を買う人の母数が増える。テレビの影響もあり、「売れる本」がつくられる。そして一部の本は売れる。だが一方で、70年代と比較すると、たしかに「書籍離れ」ははじまっていた。

3　カルチャーセンターをめぐる階級の問題

カルチャーセンターに通う主婦・OLへの蔑視

では学歴コンプレックスゆえに教養を求める傾向は、1980年代には消え去ったのだろうか？

そんなことはない。ここで私たちは、カメラのフォーカスを、これまで当たってこなかった存在――女性に向けよう。

その舞台は、カルチャーセンターにあった。

１９７４年（昭和49年）に開講された朝日カルチャーセンターが人気を博して以来、80年代には企業主催のカルチャーセンターは黄金期を迎えていた（歌川光一「カルチャーセンター研究史―生涯学習・社会教育研究における趣味講座の位置づけをめぐる試論的考察」）。どの教室も満員で、教室数はどんどん増えていた。

カルチャーセンターとはいったい何か。実態としては、習い事講座のようなものだったらしい。料理や華道といったいわゆる花嫁修業的なものから、小説講座や現代思想講座などのアカデミックな内容のものに至るまで多種多様な講座を開講していたカルチャーセンターは、「カルチャーセンターに通っていることそのものが一種のステイタスシンボル」（宮原誠一・室俊司「朝日カルチャーセンターと生涯教育」）という傾向まで生み出していた。

１９７９年に芥川賞を受賞した作家・重兼芳子《しげかねよしこ》もまた、カルチャーセンターに通う女性のひとりだった。彼女はカルチャーセンターで小説講座を受講し、その末に芥川賞を受賞する。普段は主婦であり、当時流行しつつあったカルチャーセンター受講生であった彼女の芥川賞受賞に、メディアは色めきたった。そして重兼を、普段は夫や子を支える良き妻でありながら、カルチャーセンターという場に向かったことで、普通の主婦が作家になった……という物語に閉じ込める（歌川光一「重兼芳子における芥川賞受賞とカルチャーセンター――女性の教養をめぐる戦後教育史上の課題」）。

当時のカルチャーセンターの受講生のうち、8割は女性が占めていた（野崎俊一「男性の生涯学習」）。通っている男性も50〜60代がほとんどで、30〜40代の男性はほぼいなかったという。男性をターゲットにした講座はほぼ過半数のカルチャーで開講されていたが、働いているとカルチャーセンターに行く時間がなかったことが背景にあるだろう。

しかしその傾向は、反転して「カルチャーセンターは、暇な主婦の道楽だ」という揶揄を生み出すことになる。重兼の芥川賞受賞後、カルチャーセンターの創作コースや文芸コースは応募が殺到した。それについて男性向け週刊誌が「主婦の暇つぶし」という蔑視をもって記事にすることは少なくなかった（歌川、前掲「重兼芳子における芥川賞受賞とカルチャーセンター」）。

さらにそうした視線は、女性からも向けられた。批評家の大塚英志はカルチャーセンターで小説講座を受講するＯＬたちに対し、文芸評論家の斎藤美奈子がいささか批判的なまなざしを向けていることを指摘する。

だが、たまたま目についたから引用するが、評論家の斎藤美奈子が「ＯＬ『作家になりたい症候群』の不気味」（「諸君！」九七年五月号）で、「手記を書く女たち」の果てに位置する、『公募ガイド』の類を読み、カルチャーセンターで小説を学ぶ「作家になりたい」女性たちの「自己表現」の素人ぶりをプロの立場（彼女はそれを「芸人」と一見もっともらしく表現しているが）から「薄気味悪い」と切り捨ててしまっているように、この問題に関する女性たちの視点は案外と冷ややかである。

（「〈母性〉との和解をさぐる　萩尾望都《もと》の葛藤」）

「薄気味悪い」というひとことに集約されているのは、斎藤が、自身を「カルチャーセンターに通うＯＬたち」と切り離して考えているという事実である。

編集者のキャリアを経て文芸評論家として活躍する斎藤と、カルチャーセンターで自己表現を学ぼうとするＯＬ。その狭間《はざま》にあるほんの少しの溝は、これまで本書で何度も見てきた、階級の問題ではなかっただろうか。

つまり文化的趣味に触れる姿勢の背後にある、階級格差のことだ。

「大学ではない場の学び」

芥川賞受賞作家である重兼もまた、小説講座に通い始めた経緯について、旧制の高等女学校を出てすぐ結婚したことから「学歴コンプレックスがあった」と打ち明けている。それゆえに「本を読んだり、講演を聞いたり、随分としたのね」と語りながら、カルチャーセンターが自分の学歴コンプレックスを埋める場であったことを語る。

つまり戦後、学歴コンプレックスを埋めるために「教養」を求めた男性たちと同様の行動が、1980年代になって女性にも開かれたのだ。

明治〜大正時代の雑誌「成功」で、新渡戸稲造が「教養」を説いていたように。あるいは戦後の勤労青年が雑誌でつながり合いながら「教養」を求めていたように。あるいは司馬遼太郎の文庫本が電車通勤のサラリーマンたちに歴史という名の「教養」を授けていたように。カルチャーセンターは、学歴のない女性たちに「教養」を授けていた。

80年代、カルチャーセンターに通うことは、一種のステータスとなっていた。なぜそれがステータスになりうるかといえば、カルチャーセンターで学ぶことが、彼女たちにとっては社会的な「教養」を身につける行為だったからだ。

そう、80年代になってやっと主婦やＯＬにも「教養」は開かれ、そしてそれを可能とする変化のひとつにカルチャーセンターの誕生があった。
カルチャーセンターに通う主婦への蔑視について、重兼は以下のように綴る。

大学が市民に向かって開かれていない限り、学問への欲求を充たすには今のところカルチャーセンターしかない。（中略）
カルチャーセンターに通う中年族をからかい、眉をしかめ、優越感を抱いて攻撃するのは主にエリートの人たちだ。（中略）ようやく落ち着いて半ばでやめた学業を取り戻している。それを笑う権利がどこにあろうか。少しは恥を知るがよいと私は腹の中で憤る。
（『女の人生曇りのち晴れ』）

翻って令和の私たちの風景を考えてみると、カルチャーセンターに向けられた視点は、オンラインサロンに現在向けられるまなざしとやや似たものを感じてしまう。
たとえば現代で「大学」を冠するＹｏｕＴｕｂｅやオンラインサロンは蔑視の対象になりがちだ。

そして、「自称大学」の主戦場はYouTubeやオンラインサロンなので、外野からは実像が見えないものになっています。ゆえに「信者ビジネス」「サロン会員は養分」だとか、とにかく外野からはバカにされがちです。（藤谷千明「大学全入時代の〈自称大学〉」）

もちろんカルチャーセンターと現代のオンラインサロンでは、母体となる企業がどれだけしっかりしているか異なるだろうとか、ファンコミュニティ的な側面はカルチャーセンターにはなかったのでは、など、さまざまな異論はあるだろう。

が、それにしたっていつの時代も「大学ではない場で学ぼうとする人々」には、蔑みの視線が向けられるものらしい。

そしてそれは、重兼の言う「エリートによる優越感からくる攻撃」が、繰り返されている証である。

ちなみに本章の冒頭に言及した「若者の読書離れ」という言説もまた、本を読んでいたエリート層の優越感を確認するための言説であることが指摘されている（清水、前掲「『若者の読書離れ』という〝常識〟の構成と受容」）。

つまり読書は常に、階級の差異を確認し、そして優越を示すための道具になりやすい。

重兼のいう「学問への欲求」を、大学で満たせなかった人、あるいは大学を出ても満たせなかった人は、どうしたらいいのか——その答えをエリート層は探そうとしない。

自己表現や自己啓発への欲望を、エリート層が蔑視する。そのような構造は、本書で見てきたように、明治期の夏目漱石が描いた『門』から、80年代のカルチャーセンターへのまなざし、そして現代のオンラインサロンへの言説に至るまで、繰り返されている。

女性作家の興隆と階級の問題

斎藤美奈子は『日本の同時代小説』で、１９８０年代、吉本ばななや山田詠美そして俵万智のような、少女的な感性が純文学を席巻したことに注目する。

「近代の文化の担い手が『オトナの男』である以上、『コドモの女』の視点が導入されること自体、文化の相対化につながります。実際、この時代には文学以外の分野でも少女文化に注目が集まりました」と彼女は言う。

しかし斎藤のいう「コドモの女」の感性とはつまり、カルチャーセンターに通いつつ、生活のなかで自己表現を目指すＯＬや主婦のなかから生まれた存在だったはずだ。それはアカデミックな専門教育を受けていたり、新聞記者のようなキャリアを積んでいたりしなくても、大衆が本やカルチャーセンターを通して教養を身につけ、それによって自己表現できる時代の産物だった。

つまりは80年代とは、それまで男性たちの間で閉じられてきた「教養」が、女性たちに開かれた時代だった。そしてその結果、『サラダ記念日』や『キッチン』(吉本ばなな、福武書店、1988年)といった女性の文学が生まれ、なによりもそれらを読む読者が生まれたのだ。

斎藤が明らかに「オトナの男」と似たような目線を主婦やOLたちに向けているのは皮肉だが、一方で斎藤もまた、「オトナの男」に閉じられていた「批評」の世界を女性にこじ開けた書き手のひとりだった。

80年代、読書や教養は「オトナの男」から見放されつつあったが、それを拾い上げたのは女性たちだった。カルチャーセンターや少女小説という場で彼女たちが見出したものは、まさしく読書や教養を使って、自己表現を果たし、その末に男女という見えないガラスの壁に阻まれた格差を超えようとする営みではなかっただろうか。

それはフェミニズムという学問が、メディアを通して一般向けに開かれ、大衆化していった時代の運動そのものだった。缶チューハイ2本で「嫁さん」になることを決めるかもしれなかった時代、読書や教養を通して、彼女たちは自己表現の手段を手に入れたのだ。

だとすれば、読書や教養とはつまり、学歴を手にしていない人々が階級を上がろうとする際に身につけるべきものを探す作業を名づけたものだったのかもしれない。

第七章　行動と経済の時代への転換点
——１９９０年代

1　さくらももこと心理テスト

90年代は「そういうふうにできている」

平成を代表する作家を挙げろと言われたら、私は彼女の名前を出すだろう。さくらももこ。
——言わずと知れた国民的アニメ、漫画『ちびまる子ちゃん』の作者だ。

私は尿のしみ込んだテスターを握ったまま、十分余り便器から立ち上がる事ができなかった。便座と尻の間に吸盤がくっついているかと思うほど、立ち上がるのが困難であった。

この腹の中に、何かがいるのである。大便以外の何かがいる。便器に座り込んでこうしている間も、それは細胞分裂をしているのだ。私のショックとは無関係に、どんどん私の体内の養分を吸収しているのだ。

（さくらももこ『そういうふうにできている』）

1990年代の到来とともに、さくらももこの時代はやってきた。

1990年（平成2年）に『ちびまる子ちゃん』がフジテレビ系でアニメ化され、主題歌「おどるポンポコリン」の作詞で第32回日本レコード大賞を受賞。1991年（平成3年）にエッセイ集『もものかんづめ』（集英社）を刊行し、ベストセラー2位となる（ちなみに1位は宮沢りえの写真集『Santa Fe』）。1992年（平成4年）には『さるのこしかけ』が年間3位、1993年（平成5年）に『たいのおかしら』が年間4位、1995年（平成7年）に『そういうふうにできている』が年間15位と、ベストセラー街道を突っ走った。

ほとんど平成の幕開けとともにはじまったさくらももこの作家生活は、平成の終わりとともに、幕を閉じた。彼女のエッセイは、それまでの女性エッセイストと大きく異なり、読者を女性に限定しなかった。向田《むこうだ》邦子や林真理子のエッセイの多くが女性読者をターゲットとし、自分のセンスや毒舌で読ませる一方、さくらももこは老若男女誰でも読めるエッセイを書き続けた。

冒頭に引用した『そういうふうにできている』もまた、誰でも読めるエッセイのひとつだ。妊娠・出産という、ともすると女性読者向けに閉じそうな題材を、彼女は誰でも読める文章に開いた。それは女性エッセイストの歴史で見ても、真似できる人がほかにいない。

さくらももこと心理テストの時代

しかし、さくらももこの文章を今読むと、なんだか奇妙だと思う点はある。そのうちのひとつが、どこかスピリチュアルな感性が当然のように挟まってくるところだ。

> 私の意識が肉体からほんのわずかの距離に心地良く漂っている最中、遠い宇宙の彼方《かなた》から「オギャーオギャー」という声が響いてきた。私は静かに自分の仲間が宇宙を越えて地球にやってきた事を感じていた。生命は宇宙から来るのだとエネルギー全体で感じていた。
>
> （同前）

出産という非日常体験の記述ではあるのだが、「宇宙」という言葉がさらっと出てくるところに、いささか驚いてしまう。新しい生命、と、私、の間に、さらりと、宇宙、が登場する。さくらのスピリチュアル志向は、決して妊娠・出産にはじまったことではない。ほかのエッセイ集でも見られる。

そしてもっと言えば、このような傾向は、さくらももこだけに限ったことではない。日本全体で、心への興味、その結果としての心霊現象への関心やスピリチュアル的な感覚が広まったのが1990年代前半だった。

たとえば『パラサイト・イヴ』（瀬名秀明、角川書店）は、1995年に刊行されたベストセラー小説である。同書は、遺伝子「イヴ」が反乱を起こすというホラー小説なのだが、自分の身体《からだ》や遺伝子が何か変なことを起こすのではないか？という自分の内面への懐疑が主題となっている。さらに『ソフィーの世界―哲学者からの不思議な手紙』（ヨースタイン・ゴルデル著、池田香代子訳、NHK出版）も、同年刊行のベストセラー。内容は哲学史の入門書なのだが、この本が売れること自体、人々が哲学的な問い、つまりは自分の内面の探索に興味を持っていた証左だろう。

臨床心理士の東畑開人《とうはたかいと》は、90年代について以下のように述懐する。

「本当の自分とは何か?」とか「生きる意味とは何か?」とか「私とは何か?」という問いには魅力があって、人々は外界とはまた別の価値を内面に探し求めた。実際、当時は「自分探し」の旅に出ることにはカッコよさがあったし、テレビでは心理テストの番組が放送されることもあった。

なにより臨床心理学は大人気だった。心の深層を語る本は一般書の棚でもよく売れていたし、事件が起これればメディアに臨床心理学者が呼ばれて「心の闇が」云々《うんぬん》と語っていた。大学の心理学科は高倍率で、「臨床心理士」という資格もできた。心の仕事が少しずつ社会に広がっていった時期だった。（『心はどこへ消えた?』）

心理テストの番組が、テレビで放送されていた。これについて、雑誌も同様の傾向があったことを示したのは、社会学者の牧野智和である。

牧野は雑誌「anan」（マガジンハウス）を分析し、1980年代後半〜90年代初頭に自分を心理学的に読み解くような、「心理チャート」が多く掲載されていたことを明らかにした（前掲『自己啓発の時代』）。自分を心理学で分析したり、あるいは分類したりするなかで、自分自身を探求するという試みが流行していた。

しかしこのような「自己」を探求する傾向は、90年代後半に突如、変化を迎えた。——90年代半ばを経て、〈内面〉の時代は、〈行動〉の時代に移行する。

2　自己啓発書の誕生と新自由主義の萌芽

『脳内革命』と〈行動〉重視の自己啓発書

1995年、サンマーク出版から『脳内革命』（春山茂雄）が刊行される。「脳から出るホルモンが生き方を変える」という副題を冠する同書は、プラス思考を心掛けると老化防止や治癒力向上につながることを説いた自己啓発書である。同書は、一番すごいときは「3、4か月ごとに100万部ずつ重版」という状態だった（澤村、前掲『ベストセラー全史【現代篇】』）。売れすぎである。1996年（平成8年）には累計350万部、年間ベストセラー1位。ちなみに続編となる『脳内革命2―この実践法が脳と体を生き生きさせる』（サンマーク出版、1996年）もミリオンセラーを達成している。売れすぎである。

『脳内革命』はどこがそんなに売れるポイントだったのだろう? それについて、「内面という一見不可視な対象に対しあくまで『実践的技法』によってコントロールしようとしたことが、画期的だった」と牧野は評する(前掲『自己啓発の時代』)。つまり心理テストや心理学のような抽象的な議論ではなく、イメージトレーニングやポジティブ思考という行動によって、内面を変えることを促す。その点が新しかったのだ。

実際、これを契機に、出版界には「脳」ブームが巻き起こる。しかしそのほとんどは、脳科学書というよりも発想法、思考法やビジネス書——つまり今でいう自己啓発書が多かった。自分に対して、何か行動を起こすことによって、自分を好転させる。あくまで「行動」を促すことで成功をもたらすという自己啓発書のロジックの原点は、『脳内革命』のベストセラー化にあったのだ。

また「脳」分野以外でも、海外の自己啓発書の翻訳本でベストセラーが次々生まれていた。『小さいことにくよくよするな!—しょせん、すべては小さなこと』(リチャード・カールソン著、小沢瑞穂訳、サンマーク出版、1998年)、『7つの習慣—成功には原則があった!』(スティーブン・R・コヴィー著、川西茂訳、キングベアー出版、1996年)、『他人をほめる人、けなす人』(フランチェスコ・アルベローニ著、大久保昭男訳、草思社、1997年)はいずれもベストセラーとなっている。

ここに挙げたどの著作も、〈行動〉に焦点を当てているところに、なにより注目すべきだろう。

〈内面〉の時代から〈行動〉の時代へ

私はこれまでも、自己啓発書の原点として明治時代に流行した『西国立志編』を紹介したり、1970年代のサラリーマンに読まれた司馬遼太郎の小説を紹介した。それらと90年代の自己啓発書と最も異なるのは、同じ自己啓発的な内容ではあれどそのプロセスが「心構え」や「姿勢」「知識」といった〈内面〉の在り方を授けることに終始していたことだ。

たとえば偉人の人生を紹介することで、その生きる姿勢を学ぶ。そこに〈行動〉のプロセスは存在しない。

しかし90年代の自己啓発書は、読んだ後、読者が何をすべきなのか、取るべき〈行動〉を明示する。

そこに大きな違いがある。

〈内面〉重視から、〈行動〉重視へ。90年代にベストセラーで起きた転換をそう呼ぶならば、この傾向は、前述した牧野の雑誌分析においても見られるものである。

90年代初頭には心理チャートを多く掲載していた雑誌「anan」が、90年代後半になると、「ポジティブな言葉を唱えること」といった行動を勧めるようになった（前掲『自己啓発の時代』）。

それはまさに『脳内革命』で提示された、自分の行動が変わることで、自分の状況を好転させていく、という世界観そのものである。とくに「anan」という若年層向けの雑誌でこのような傾向が見られることを私は強調したい。

労働環境の変化と新自由主義の萌芽

なぜ１９９０年代に〈行動〉が注目され始めたのだろう？

補助線となるのは、当時の人々の労働環境の変化である。

90年代。30年経ち元号が変わった今考えると、あれはたしかに戦後日本の転換点だった。90年代という名のトンネルを抜ける前と後では、日本の風景はまったく違うものになっていた。

戦後、高度経済成長期を経てバブル経済に突入した日本経済。この成功体験は、日本の大企業労働モデルを定着させていた。企業が社員に、安定した雇用状態、福利厚生、そして職場共同体つまりはアイデンティティを確立できる居場所を提供する。その代わりに社員は、転勤や長時間労働という労働条件を受け入れ、企業に忠誠心を持ち続ける。まるで「御恩と奉公」の現代版のような、企業と社員の関係を常識とすることで、日本は経済大国になるに至った（間宏『経済大国を作り上げた思想―高度経済成長期の労働エートス』）。

この時代、「教養」「修養」という思想をもって、階級を上がろうとする大衆たちに読書する習慣を身につけさせたのは、ほかならぬ日本の政府や企業だった。これが本書で見てきた日本のサラリーマンの読書の一側面である。

しかし90年代、好景気はあっさりと崩壊する。バブル崩壊後、日本は長い不景気に突入するのだ。

結果的に、労働環境はどう変わったか。

終身雇用を前提とした日本企業がまずおこなったのは、「採用する数を絞る」という策だった。正社員採用の減少によって、就職氷河期がはじまる。ちなみにこの時代に「自己分析」という〈行動〉を促すマニュアルが増大したという（牧野、前掲『自己啓発の時代』）。

さらに企業は非正規雇用労働者を増加させ、これまで常識とされていた「企業に忠誠心を持っていれば安心」という感覚は消えていくこととなった（石田光規『産業・労働社会における人間関係―パーソナルネットワーク・アプローチによる分析』日本評論社、２００９年）。

その結果、90年代以降、現代では当たり前のように唱えられる「自分のキャリアは自己責任でつくっていくもの」という価値観が広がっていくことになった。

経済構造も過渡期を迎えていた。都市部と地方の間で再分配がおこなわれていた高度経済成長モデルは終焉《しゅうえん》を迎えつつあり、経済・金融のグローバル化が進行する。1996年の金融ビッグバンによって、後にインターネット上での株式売買が可能になり、2000年代のIT企業ブームへと社会は向かっていく。

つまり、バブル経済以前の一億総中流時代が終わりを迎え、新自由主義（ネオリベラリズム）的な価値観を内面化した社会が生まれつつあったのが、90年代だった。

〈政治の時代〉から〈経済の時代〉へ

仕事を頑張れば、日本が成長し、社会が変わる――高度経済成長期、あるいは司馬遼太郎が描き出した日本の夢とは、このようなモデルだった。

それはある意味〈政治の時代〉の世界観だったのかもしれない。民主主義の名のもとに、民衆が投票した結果を反映して社会が変わる。あるいはデモなどの活動によって社会を変えることができる。政治を信じられる時代は、民衆も社会参加できる、という実感に支えられている。

その実感は、1960年に成立した池田勇人内閣が「所得倍増計画」という名のもとに、国民の関心を政治から経済へ移してもなお残る、「政治」的な感覚だっただろう。社会に個人が参加しているという感覚がその根幹にはあったからだ。

しかし一方で、1990年代以降に起こった変化は、社会と自分を切断する。仕事を頑張っても、日本は成長しないし、社会は変わらない。現代の私たちはそのような実感を持っている人がほとんどではないだろうか。というかむしろ「なぜ自分が仕事を頑張ったからって、日本が成長するんだ」と思う人が多数派だろう。

90年代以降、ある意味〈経済の時代〉ともいえる社会情勢がやってきたからだ。

経済は自分たちの手で変えられるものではなく、神の手によって大きな流れが生まれるものだ。つまり、自分たちが参加する前から、すでにそこには経済の大きな波がある。そして、その波にうまく乗ったものと、うまく乗れなかったものに分けられる。格差は、経済の大きな波に乗れたか乗れなかったか、適合できたかどうかによって、決まる。大きな社会の波に乗れたかどうかで、成功が決まる——。

自分が頑張っても、波の動きは変えられない。しかし、波にうまく乗れたかどうかで自分は変わる。それこそが90年代以降の〈経済の時代〉の実感なのだ。

つまり90年代の労働は、大きな波のなかで自分をどうコントロールして、波に乗るか、という感覚に支えられていた。

「そういうふうにできている」。さくらももこのつけたタイトルは、存外、平成という時代が生み出した感覚を先取りしていた。

世界は、私たちは、脳は、会社は、そういうふうにできている。だから仕組みを知って、行動し、コントロールできるものをコントロールしていくしかない。

「そういうふうにできている」ものを変えることはできない。だからこそ、波の乗り方——つまり〈行動〉を変えるしかない。

そのような環境が、ポジティブ思考という〈行動〉で自分を変える自己啓発書『脳内革命』のベストセラーを生み出したのだ。

3　読書とはノイズである

読書離れと自己啓発書

本書は「なぜ働いていると本が読めなくなるのか」というタイトルを冠している。普通に考えれば、長時間労働によって本を読む「時間」を奪われたのだという結論に至る。だが第一章では、それにしては日本人はずっと長時間労働を課されてきており、現代にはじまったことではない、と指摘した。

序章で引用した映画『花束みたいな恋をした』の麦は、長時間労働に追われるなかで、「パズドラ」はできても「読書」はできない。「パズドラ」をする時間はある。でも「読書」はできない。ここにある溝とは何なのかを知りたくて、私は近現代日本の読書と労働の歴史を追いかけてきた。

戦後、本が売れていた。とくに戦後の好景気からバブル経済に至るまで、人口増加にともない本は売れていたし、読まれていた。しかし1990年代後半以降、とくに2000年代に至ってからの書籍購入額は明らかに落ちている（152頁参照）。

しかし一方で、自己啓発書の市場は伸びている。

出版科学研究所の年間ベストセラーランキング（単行本）を見ると、明らかに自己啓発書が平成の間に急増していることが分かる。1989年（平成元年）には1冊もなかったのに対し、90年代前半はベスト30入りした自己啓発書が1～4冊、1995年に5冊がランクイン、1996年には『脳内革命』と『「超」勉強法』（野口悠紀雄、講談社、1995年）がランキングの1、2位を独占するに至るのだ。この後の2000年代もこの勢いは続いた。90年代はまさに自己啓発書のはじまりの時代だった。

なぜ読書離れが起こるなかで、自己啓発書は読まれたのだろうか。というか、読書離れと自己啓発書の伸びはまるで反比例のグラフを描くわけだが、なぜそのような状態になるのだろうか。

そういえば『花束みたいな恋をした』の麦も、自己啓発書は、読めていたのだ。

自己啓発書はノイズを除去する

自己啓発書。その特徴は、「ノイズを除去する」姿勢にある、と社会学者の牧野智和は指摘する（『日常に侵入する自己啓発―生き方・手帳術・片づけ』）。

たとえば現代の自己啓発書の一種である「片づけ本」、いわゆる片づけによって自分の人生を好転させると説く本に、その姿勢は顕著である。「片づけ本」は、好ましいもので部屋を満たすことを重視する。そこにあるのは、私的空間は心を浄化するような聖化された居場所になっているのが理想だ、という価値観である。

しかし牧野は、このような価値観に対して「そのような聖化を行わねばならないほどに、私的空間の『外部』が俗なるもの、偽りのもので充たされているという感覚が分けもたれているのではないか」と指摘する。

つまり、部屋＝私的空間をときめくもので「聖化」するという行為は、「聖化」を必要とするほど社会＝外部が居心地の良くないもので埋め尽くされている、という感覚によって成立する。しかし「片づけ本」のロジックは、部屋をときめくもので埋め尽くせば、いったん社会は捨て置いて、自分の人生はときめくものになる、という論理になっている。

整理すると、〈部屋〉＝私的空間を「聖化」することが、自分の〈人生〉が好転することに直結する、というロジックが「片づけ本」の趣旨である。しかしそこには、本来〈部屋〉と〈人生〉の間にあるべき〈社会〉が捨て置かれているのだ。

たしかに〈社会〉は（「片づけ本」の著者として誰もが思い浮かべる「こんまり」風に言うならば）ときめかないものに溢《あふ》れている。〈社会〉は自分を傷つけようとしてくる場所である。だからこそ「片づけ本」という名の自己啓発書は、コントローラブルな〈部屋〉をときめくもので埋め尽くすことによって、〈人生〉を社会から守ろうとさせる。

牧野は、自己啓発書とは社会を遠ざけようとするジャンルであると語る。

> 特にその外部には言及されないものの私的空間において自己を癒されねばならないと語られるとき、その「自己」をめぐるまなざしの奥に啓発書が想定する「社会」が透けてみえてはこないだろうか。それは多くの言葉で語るほどのものではなく、自らを悩ませ、傷つけ、汚し、また変えようと努力しても変えることのできない対象としての「社会」という程度にしか表現できないものだが、いずれにせよ、啓発書がまずもって私たちに示しているのは、自分自身の変革や肯定に自らを専心させようとする一方で、その自己が日々関係を切り結ぶはずの「社会」を忌まわしいものとして、あるいは関連のないものとして遠ざけてしまうような、そのような生との対峙《たいじ》の形式なのではないだろうか。
>
> （前掲『日常に侵入する自己啓発』）

ここで言う「社会」とは、政治参加するような社会情勢という意味もあるだろうが、自分をとりまく労働環境という意味も含まれるだろう。社会は、変えられない。たとえば政治や戦争の悪いニュースは自分の手ではどうにもできず、搾取してこようとする他者はいなくならず、あるいは劣悪な労働環境を変えることもできない。だからこそ社会を「関連のない」「忌まわしい」ものだとして捨て置いて、帰宅後の部屋——つまり自己の私的空間のみを浄化しようとする。それこそが「片づけ本」のロジックなのである。

そしてそれは、自己啓発書というジャンル全体に言えることである。

自己啓発書の特徴は、自己のコントローラブルな行動の変革を促すことにある。つまり他人や社会といったアンコントローラブルなものは捨て置き、自分の行動というコントローラブルなものの変革に注力することによって、自分の人生を変革する。それが自己啓発書のロジックである。そのとき、アンコントローラブルな外部の社会は、ノイズとして除去される。自分にとって、コントローラブルな私的空間や行動こそが、変革の対象となる。

1990年代の自己啓発書『脳内革命』が唱える、「脳内ホルモンがすべてを決める」という言説。それは眼前の出来事に「自分がどう感じるか」をコントロールすることによって、人生を好転させるというロジックである。自分がコントロールできる範囲——つまり感情をコントロールすることによって、自分の人生を変える。そう、ノイズのないポジティブ思考こそが、良い脳内ホルモンを分泌させるのだ。

そこに社会は存在しない。なぜならアンコントローラブルな社会という存在は、個人にとって除去すべきノイズだからだ。

自己啓発書は「ノイズを除去する」姿勢を重視している。

ノイズのなさ。これこそが自己啓発書の真髄なのだとしたら。自己啓発書が売れ続ける社会、牧野の言葉を借りれば「自己啓発書が書店に居並び、その位置価を浮上させるような社会とは、このような感情的ハビトゥスが位置価を高め、また文化資本として流通するような社会」(同前)は、ノイズを除去しようとする社会のことを指す。

前述したように〈行動〉を促すことが自己啓発書の特徴だとしたら、自己啓発書が売れる社会とはつまり、ノイズを除去する行動を促す社会なのである。

読書は、労働のノイズになる

1990年代の労働環境を見るまでもなく、現代の労働環境のなかで働いていると、いかに市場に適合できるかを求められる。

就職活動や転職活動、あるいは不安定な雇用のなかで成果を出すこと。どんどん周囲の人間が変わっていくなかで人間関係を円滑に保つこと。それらすべてが、経済の波に乗り市場に適合すること——現代の労働に求められる姿勢である。

適合するためには、どうすればいいいか。適合に必要のない、ノイズをなくすことである。

「片づけ本」がまさに現代で示す「断捨離」が象徴的であるが、ノイズを除去する行為は、労働と相性がいい。自分自身を整理し、分析し、そのうえでコントロールする行為だからである。コントロールできないものをノイズとして除去し、コントロールできる行動に注力する。それは大きな波に乗る——つまり市場に適合しようと思えば、当然の帰結だろう。

だとすれば、ノイズの除去を促す自己啓発書に対し、文芸書や人文書といった社会や感情について語る書籍はむしろ、人々にノイズを提示する作用を持っている。

知らなかったことを知ることは、世界のアンコントローラブルなものを知る、人生のノイズそのものだからだ。

本を読むことは、働くことの、ノイズになる。

読書のノイズ性——それこそが90年代以降の労働と読書の関係ではなかっただろうか。

ノイズのない「パズドラ」、ノイズだらけの読書

麦が「パズドラ」ならできるのは、コントローラブルな娯楽だからだ。スマホゲームという名の、既知の体験の踏襲は、むしろ頭をクリアにすらするかもしれない。知らないノイズが入ってこないからだ。

対して読書は、何が向こうからやってくるのか分からない、知らないものを取り入れる、アンコントローラブルなエンターテインメントである。そのノイズ性こそが、麦が読書を手放した原因ではなかっただろうか。

逆に言えば、1990年代以前の〈政治の時代〉あるいは〈内面の時代〉においては、読書はむしろ「知らなかったことを知ることができる」ツールであった。そこにあるのは、コントロールの欲望ではなく、社会参加あるいは自己探索の欲望であった。社会のことを知ることで、社会を変えることができる。自分のことを知ることで、自分を変えることができる。

しかし90年代以降の〈経済の時代〉あるいは〈行動の時代〉においては、社会のことを知っても、自分には関係がない。それよりも自分自身でコントロールできるものに注力したほうがいい。そこにあるのは、市場適合あるいは自己管理の欲望なのだ。

そしてこれこそが、２０００年代以降の思想ではないだろうか。

２０００年代、「経済の時代」の到来とともに、インターネット、つまり「情報」という存在がやってくる。それはまさに、私たちに社会や世界が「そういうふうにできている」ことを教えてくれる光——のように、あのころは、見えたのだった。

第八章　仕事がアイデンティティになる社会
――2000年代

1　労働で「自己実現」を果たす時代

自己実現の時代

自己実現、という言葉がある。

その言葉の意味を想像してみてほしい。すると、なぜか「仕事で自分の人生を満足させている様子」を思い浮かべてしまうのではないだろうか。

趣味で自己実現してもいい。子育てで自己実現してもいい。いいはずなのに、現代の自己実現という言葉には、どこか「仕事で」というニュアンスがつきまとう。それはなぜか？　20

00年代以降、日本社会は「仕事で自己実現すること」を称賛してきたからである。
思えば本書の序章で紹介した『花束みたいな恋をした』も、「自己実現しきれない若者」の物語だった。やりたい仕事であったはずの、イラストレーターで食べていけない。好きなことを仕事に、できない。でもそれは生活のためには仕方がないと思っている。

麦「でもさ、それは生活するためのことだからね。全然大変じゃないよ。（苦笑しながら）好きなこと活かせるとか、そういうのは人生舐めてるって考えちゃう」
（坂元裕二『花束みたいな恋をした』）

好きなことを活かせる仕事――麦の言うとおり、それは夢物語で、モラトリアムの時期だけに描くことのできる夢なのかもしれない。しかし問題は、それが夢物語であること、ではない。むしろ好きなことを仕事にする必要はあるのか？　趣味で好きなことをすれば、充分それも自己実現になるではないか？　そのような考え方が、麦にとってすっぽり抜け落ちていることこそが問題なのだ。
自己実現が果たせる仕事に就けることが最高の生き方だ。好きなことを仕事にするのが理想的な生き方だ。——そのような考え方はそもそもどこから来たのか？

答えは、２０００年代のベストセラーにあった。

ゆとり教育と『13歳のハローワーク』

２００２年（平成14年）に「生きる力」を重視する教育——通称・ゆとり教育が開始された。ゆとり教育の開始と時をほぼ同じくして、ある1冊の本がベストセラーとなる。

村上龍『13歳のハローワーク』。子どもが好きなことに応じて、その「好き」を活かせるような職業が紹介されているという、職業事典のような本である。たとえば「文章が好き」という項目を開くと、「作家」という職業の説明が載っている。「作家」の説明には「最後の職業」とある。さまざまな体験や職業を経てからなっても遅くはない、犯罪者でもなれる職業なんだから焦ってなろうとする必要はない、という意である。20代で鮮烈なデビューをかました村上龍にだけは言われたくねえ、と思う。ちなみに同書が刊行された２００３年（平成15年）、綿矢りさ（当時19歳）と金原ひとみ（当時20歳）が史上最年少で芥川賞作家となっていた。

さて『13歳のハローワーク』はベストセラーとなり、２０００年代初頭のベストセラー史に燦然《さんぜん》と輝いている。そんな同書の「はじめに」には、このような一文がある。

子どもが、好きな学問やスポーツや技術や職業などをできるだけ早い時期に選ぶことができれば、その子どもにはアドバンテージ（有利性）が生まれます。

「好き」な学問／スポーツ／技術／職業があることは、子どもの将来にとってアドバンテージになる。たしかにこの一文どおり、『13歳のハローワーク』は、「好き」と「将来の仕事」を結びつけるというコンセプトだ。

このような思想は、２０００年代におこなわれたゆとり教育にも反映されている。岩木秀夫『ゆとり教育から個性浪費社会へ』は、サッチャー政権やレーガン政権が採用した新自由主義改革にならおうとした結果、規制緩和の理念から「ゆとり改革」を採用してしまったという流れを解説する。つまり１９９０年代から徐々に社会へ浸透していた新自由主義的な思想が、教育現場にも流れ込み、「個性を重視せよ」「個々人の発信力を伸ばそう」という思想に基づいた教育がなされるようになった。

臨教審当時の国策であった規制緩和・内需拡大は、いまなお色こく経済政策や教育政策の基本に残りつづけており、あらたな欲望を発見し、追究する生き方（自己実現の追求と呼ばれている）が、政策の根底におかれているといえます。その意味では、「働き方・生き方」よりは、「消費する生き方」にピントが合わされているといったほうが正確です。

（『ゆとり教育から個性浪費社会へ』）

岩木はこのような社会について「グローバル・メリットクラシー（国際能力主義）社会と、イディオシンクラシー（個性浪費）社会という、二兎《にと》を追う社会」と的確な言葉で名づけている。競争しなければいけないのに、個性を活かさなければならない――このジレンマは、当時つくられたものだった。

また90年代後半、すでに「やりたいこと」「好きなこと」を重視するキャリア教育は取り入れられ始めていた。労働市場が崩れ始めた90年代後半から、「夢」を追いかけろと煽るメディアが氾濫するようになる（荒川葉『「夢追い」型進路形成の功罪―高校改革の社会学』）。実際、学生が想像できる「夢」、つまり楽しそうな進路は「服飾・家政」や「文化・教養」など就職率の低い領域であることも多かった。しかしそういったリスクを伝えず、高校のキャリア教育は夢を追いかけることを推奨した。

つまり90年代後半から00年代にかけて、日本の教育は「好きなこと」「やりたいこと」に沿った選択学習、進路形成を推奨する教育がなされることになった。結果として「やりたいことが見つからない」若者や、あるいは「やりたいことが見つかっていても、リスクの高い進路を選んでしまう」若者が増えていったのだと荒川は指摘する（同前）。

このような風潮が、自分の「好き」を重視する仕事を選ぶことを良しとする『13歳のハローワーク』のベストセラー化につながったのだろう。

労働者の実存が労働によって埋め合わされる

「好き」を活かした「仕事」。そのような幻想ができたのは、1990年代から2000年代のことだった。その背景には、日本にもやってきた新自由主義改革があった。

このような状況を社会学者の永田大輔は以下のように説明する。

近年では、こうした労働者の実存が教養ではなくむしろ労働によって埋め合わされる傾向にあり、そのことが学校文化・消費文化とそれぞれいかに結びつくかが問題化されるようになった。

（「序章　消費と労働の文化社会学―『やりがい搾取』以降の労働を捉える新たな視座」、永田大輔・松永伸太朗・中村香住編著『消費と労働の文化社会学―やりがい搾取以降の「批判」を考える』所収）

労働者の実存は、労働によって埋め合わされるようになってしまった。これ以前だと、本書で見たように、学歴のない人々が本を読んだりカルチャーセンターに通ったりして「教養」を高めることで自分の階級を上げようとする動きもあった。だが、新自由主義改革のもとではじまった教育で、私たちは教養ではなく「労働」によって、その自己実現を図るべきだという思想を与えられるようになってしまった。

２００１年（平成13年）の日本労働研究機構（現労働政策研究・研修機構）によるフリーターへのヒアリングでは、そのうちの４割が「やりたいこと」という言葉で自分がフリーターになった経緯を説明した（速水健朗《はやみずけんろう》『自分探しが止まらない』）。この結果からも、当時の就職活動や高校教育において、いかに仕事における「やりたいこと」や「自分らしさ」の重要性が強く刷り込まれていたかが分かるだろう。それはある意味、日本の「夢追い」キャリア教育がうまくいった結果でもあった。当時ニートと呼ばれる若者たちが問題になっていたが、ニートをつくり出したのは、実は「やりたいことを仕事にすべきだ」という風潮だったのである。

80年代のバブル経済時、田中康夫『なんとなく、クリスタル』（河出書房新社、1981年）や上野千鶴子『〈私〉探しゲーム―欲望私民社会論』（筑摩書房、1987年）を参照すれば、消費による自分らしさの表現が可能だったことが分かる。しかし90年代のバブル崩壊を経て、2000年代の新自由主義社会化による労働環境の変化の影響を受けた若者たちは、もはや消費で自己表現することは難しくなった。その結果、労働そのものが「自分探し」の舞台になったのである。『13歳のハローワーク』はその文脈をうまく汲《く》み取ったベストセラーだった。

余暇を楽しむ時間もお金もない

「自己実現系ワーカホリック」という言葉がある。社会学者の阿部真大《まさひろ》が趣味を仕事にする職業としてバイク便ライダーを研究し、それに没入する若者を批判的に名づけた言葉である（『搾取される若者たち―バイク便ライダーは見た！』）。

「自己実現系ワーカホリック」という言葉を広めることについて、阿部は以下のように述べる。

> 直接的には、村上龍の『13歳のハローワーク』（幻冬舎）に対する批判として書いたものです。ようするに仕事で自己実現するのもいいんだけど、それが流動的な下層のサービ

ス職である場合、非常に危険な状態であるということをいっています。

（中略）

仕事はつまらないもので、必要悪であるという認識をもったうえで、自己実現は余暇ですればよいというのが、これまでの二冊の本の主張です。余暇を楽しむために仕事をする。そういった働き方ができていない状況になっているというのが、大きな問題だと思います。

（「まやかしに満ちた社会からの脱出〈鼎談〉本田由紀・阿部真大・湯浅誠」、本田由紀『軋《きし》む社会—教育・仕事・若者の現在』所収）


1980年代と比較し、2000年代のフルタイム男性労働者の平日平均労働時間は長くなっていた（大沢真知子「日本の労働時間の課題と解決のための方向性」）。パートタイム労働者が増えたり週休2日制が普及したりしたため、一見日本人の労働時間は短くなっているように見えるが、実は平日フルタイム労働時間はどの時代より長い。それが2000年代の労働の実態だった。

時代は長時間労働。阿部の指摘するとおり、彼らは「余暇を楽しむために仕事をする働き方ができていない」状況にあった。

しかしそれでも、「自己実現」という夢が、若者を長時間労働にのめり込ませてしまっていた。仕事への過剰な意味づけが、２０００年代という時代を覆っていた。

2　本は読めなくても、インターネットはできるのはなぜか？

IT革命と読書時間の減少

そんな状態で人々が読書する時間は、確実に減っていた。

『読書世論調査』（毎日新聞社）の調査によれば、２０００年代を通して増減を繰り返していたが、２００９年（平成21年）にはすべての年代で前年よりも読書時間が減少した。

そう、たしかに「読書離れ」がはじまったのが、２０００年代なのである。

では00年代に何が起きていたのか。――そこにあったのは、「情報」の台頭だった。00年代、IT革命と呼ばれる、情報化にともなう経済と金融の自由化が急速に進んだ。情報化とグローバル化が一気に進み、先述した新自由主義改革が社会に浸透していく。デジタル化・モバイル化が加速し、インターネットが新しい地平をつくっていた。
「情報」が輝いていたのだ。あのころは。

『電車男』とは何だったのか

ベストセラーのなかにも「情報」の輝きを誇る小説が登場する。『電車男』（中野独人《ひとり》、新潮社、2004年）である。インターネットの電子掲示板である（当時の）「2ちゃんねる」への書き込みをそのまま掲載した同書は、ドラマ化や映画化を経てベストセラーとなった。

同書の特徴は、語り手の男性が片思いする場面からはじまる純愛物語でありながら、さらに実話であり、なによりも掲示板の人々が伝えてくれる「情報」によって恋愛を成就させていくプロセスが描かれているところにある。つまり、当時流行していた韓流ドラマ『冬のソナタ』（2002年に韓国で放映、日本での地上波放送および「冬ソナ」流行語大賞トップテン入りは2004年）や小説『世界の中心で、愛をさけぶ』（片山恭一、小学館、2001年）、『恋空―切ナイ恋物語』（美嘉、スターツ出版、2006年）と連なるような「純愛ブーム」の王道であるのと同時に、インターネットの「情報」の価値を知らしめる作品になっていた。

興味深いのは、『電車男』という物語が、エルメスと呼ばれる手の届かない女性に対して、さまざまな掲示板の「情報」を駆使して、モテない主人公の男性（電車男）がアプローチをかけていくところである。つまり、「モテ」の階級を超えた恋愛を成就させるための武器として、掲示板で交わされる「情報」が存在するように描かれている。ちなみにこの階級とは現実での社会的階級という意ではなく、「モテ」というヒエラルキーを基準にしたとき、エルメスは主人公にとって手の届かない位置にいる女性として描かれることを指す（それにしても主人公ふたりが、「エルメス」という貴族の乗り物だった馬車の用具のメーカーからはじまった高級ブランドと、「電車」という誰でも乗れる近代的インフラとして対置されている点は興味深くはある）。

掲示板にいる人々は、デートのときのお店の選び方からコミュニケーションの方法に至るまで、電車男をサポートする。それは「情報」が電車男とエルメスのヒエラルキーを飛び越える存在だったからだ。

インターネットの情報の「転覆性」

インターネットの本質は「リンク、シェア、フラット」にある、と語ったのはコピーライターの糸井重里だった（『インターネット的』）。とくに「フラット」というのはつまり、「それぞれが無名性で情報をやりとりすること」と糸井は説明する。

インターネットのやりとりに、本名でなくハンドルネームというものを使い合っているというのは、悪いことばかりじゃなく、みんなを平らにするための、ある種の発明だったとも言えます。ネットというのは、ある種の仮面舞踏会でもあったわけです。（同前）

現実での階級を仮面で隠し、ただ情報を交わすことに集中する。そこには、現実のヒエラルキーを無効化する、という効果もあった。

つまり『電車男』と『インターネット的』はほとんど同じことを語っている。インターネットの情報とは、社会的ヒエラルキーを無効化し、むしろ現実の階級が低い人にとっての武器になりうる存在だった。それは、「フラット性」というよりもむしろ「転覆性」という性格を帯びているのかもしれない。つまりインターネットにおいては、社会的ヒエラルキーを転覆する道具として、情報を使うことができる、ということである。現代でもSNSで、権威ある人物が情報によって転覆させられている様子を見ることがあるが、これと同じような構造をもたらす性質がインターネットの情報にはそもそも備わっていたのだ。

このようなインターネット情報の持つ「転覆性」ともいえる性質をうまく使ったのが、「2ちゃんねる」掲示板の創設者でもある、ひろゆきという人物だった。そう説明するのは社会学者の伊藤昌亮《まさあき》である。

そうして彼は自らを、いわば「情報強者」として誇示する一方で、旧来の権威を「情報弱者」、いわゆる「情弱（じょうじゃく）」に類する存在のように位置付ける。その結果、斜め下から権威に切り込むような挑戦者としての姿勢とともに、斜め上からそれを見下すような、独特の優越感に満ちた態度が示され、それが彼の支持者をさらに熱狂させることになる。

このように彼のポピュリズムは、「情報強者」という立場を織り込むことで従来のヒエラルヒーを転倒させ、支持者の喝采を調達することに成功している。

（「〈特別公開〉ひろゆき論―なぜ支持されるのか、なぜ支持されるべきではないのか」）

情報には、従来のヒエラルキーを転倒させる力がある。「歴史性や文脈性を重んじようとする従来の人文知」や「リベラル派のメディアや知識人など、とりわけ知的権威と見なされている立場」に対して、ひろゆきは情報という価値でもって、その権威性を転覆させようとする。それはまさに、インターネットの情報が、従来の知的権威を転覆させる性格を帯びていることを利用したトリックスターの在り方だった。

本は読めなくても、インターネットはできるのはなぜか?

伊藤はこのようなひろゆきの発信する情報を「安手の情報知」と呼び、「安直で大雑把」だと批判する。

実際、彼のライフハックはその自己改造論にしても社会批判論にしても、自己や社会の複雑さに目を向けることのない、安直で大雑把なものであり、知的な誠実さとは縁遠いものだ。

しかしその支持者には、彼はむしろ知的な人物として捉えられているのではないだろうか。というのも彼の反知性主義は、知性に対して反知性をぶつけようとするものではなく、従来の知性に対して新種の知性、すなわちプログラミング思考をぶつけようとするものだからだ。

そこでは歴史性や文脈性を重んじようとする従来の人文知に対して、いわば安手の情報知がぶつけられる。ネットでの手軽なコミュニケーションを介した情報収集能力、情報処理能力、情報操作能力ばかりが重視され、情報の扱いに長《た》けた者であることが強調される。

（同前）

しかし、このような〝新種の知〟は、本当に「安手」だろうか？

そもそも現代の人々が読書よりもインターネットの情報を好む理由は、ここにあるのではないか。読書はできなくても、インターネットの情報を摂取することはできる、という人は多いだろう。人文系の教授の言うことは聞けなくても、ひろゆきの言うことを聞くことのできる人はたくさんいるのだ。私たちは後者を「安手」と安直に言ってしまっていいのだろうか。

仮にこの対比を、〈読書的人文知〉と〈インターネット的情報〉と呼ぶならば、そのふたつを隔てるものは何だろう？

〈インターネット的情報〉は「自己や社会の複雑さに目を向けることのない」ところが安直であると伊藤は指摘する。逆に言えば〈読書的人文知〉には、自己や社会の複雑さに目を向けつつ、歴史性や文脈性を重んじようとする知的な誠実さが存在している。

しかしむしろ、自己や社会の複雑さを考えず、歴史や文脈を重んじないところ――つまり人々の知りたい情報以外が出てこないところ、そのノイズのなさこそに、〈インターネット的情報〉ひいてはひろゆき的ポピュリズムの強さがある。

従来の人文知や教養の本と比較して、インターネットは、ノイズのない情報を私たちに与えてくれる。

情報の氾濫するインターネット空間で、いかに必要のない情報を除去し、ノイズのない情報を伝えるかが重要視されることは、説明の必要もないほど私たちも痛感するところだろう。働いていて、本が読めなくてもインターネットができるのは、自分の今、求めていない情報が出てきづらいからだ。

求めている情報だけを、ノイズが除去された状態で、読むことができる。それが〈インターネット的情報〉なのである。

情報も自己啓発書も、階級を無効化する

インターネット的情報は、現実での階級を仮面で隠し、ただ情報を交わすことに集中できるという特徴がある。そう述べたのは２００１年（平成13年）の糸井重里だった。一方で前章で

も参照した、自己啓発書を研究する牧野智和は、自己啓発書もまた読者の階級を無効化し、今ここの行動に注目するところが特徴だと説明する。

> 啓発書は読者の出自に関係なく、今ここで新たに獲得されようとする感情的ハビトゥスによって今までの自分、あるいは他者との差異化・卓越化を促していると考えられる。
>
> （前掲『日常に侵入する自己啓発』）

実際、牧野の調査によれば、啓発書購読行為と親の学歴の間には有意な関連が見られなかったという（同前）。

2000年代、自己啓発書は1990年代にも増して売り上げを伸ばしていた。出版科学研究所の出すベストセラー一覧には『生きかた上手』（日野原重明、ユーリーグ、2001年）、『人は見た目が9割』（竹内一郎、新潮新書、2005年）、『夢をかなえるゾウ』（水野敬也、飛鳥新社、2007年）など多数の自己啓発書が入っている。

インターネット的情報と自己啓発書の共通点は、読者の社会的階級を無効化するところだ。コントロールできない社会のノイズは除去し、自分でコントロールできる行動に注力する。

そのための情報を得る。それはバブル崩壊後、景気後退局面に入りリーマンショックを経ながらも、社会の働き方として「自己実現」が叫ばれていた時代に人々が適合しようとした結果だった。就職氷河期の若者にとって、自分の社会的階級を無効化して勝者になるべく求めていたものが、まさにインターネットや自己啓発書のなかに存在していたのである。

インターネット的情報が転覆性を帯びるように感じられるのは、そのような時代背景のなかで、社会的階級を転覆させようとした人々が連帯した結果だったのではないだろうか。

3 本が読めない社会なんておかしい

過去はノイズである

2000年代の傾向をまとめると、昭和的な一億総中流社会が崩れ去り、バブル崩壊やリーマンショックなどの景気後退、そして若者の貧困が広まるなかで、「階級を無効化する」知識の在り方が求められていた。文脈も歴史の教養も知らなくていい、ノイズのない情報。あるいは社会情勢や自分の過去を無視することのできる、ノイズのない自己啓発書。それらはまさに、自分の階級の低さに苦しめられていた人々のニーズにちゃんと応えていた。

つまり、過去や歴史とはノイズである。文脈や歴史や社会の状況を共有しているという前提が、そもそも貧困に「今」苦しんでいる人にとっては重い。

伊藤はひろゆき的知性への批判として、陰謀論や差別的感性にきわめて近くなりやすい点を挙げている。が、それは同時に、陰謀論や差別的感性が、自分の外部にある文脈や社会を共有せずに「今」ここの知識のみで成立する、ということの証左にほかならない。

倫理や教養は、常に過去や社会といった、自分の外部への知識を前提とする。しかしそのような外部への知識を得るには、そもそも持っている文化資本が必要である。知識の前では歴然として経済資本・文化資本の差異が見える。

しかし情報は、「今」ここに差し出されるものだ。たとえばインターネットで共有されるマネー情報は、刻一刻と変わっていく。最先端の情報を知っている人が「情報強者」とされ、過去の情報のみを知っていてもそれはむしろ「情報弱者」に認定される。「今」の情報を手に入れる能力こそが、情報の感度になる。

だとすれば、２０００年代――昭和的な一億総中流社会が崩れ去り、格差社会が広まり、新自由主義的思想が広まるなか――階級の持つ文化資本を無効化し、むしろ現在の行動によって得られる情報が重視されることには、時代の必然性があったのだろう。

情報とは、ノイズの除去された知識である

２０００年代、インターネットというテクノロジーによって生まれた「情報」の台頭と入れ替わるようにして、「読書」時間は減少していた。「情報」と「読書」のトレードオフがはじまっていたのだ。しかし「情報」の増量と「読書」の減少に相関があるかどうかは、もちろんこれだけで導き出せるものではない。

だが一方で、それでは情報とは何なのか？　読書で得られる知識と、インターネットで得られる情報に、違いはあるのか？という問いについて考えてみると、どうだろう。「情報」と「読書」の最も大きな差異は、前章で指摘したような、知識のノイズ性である。

つまり読書して得る知識にはノイズ――偶然性が含まれる。教養と呼ばれる古典的な知識や、小説のようなフィクションには、読者が予想していなかった展開や知識が登場する。文脈や説明のなかで、読者が予期しなかった偶然出会う情報を、私たちは知識と呼ぶ。

しかし情報にはノイズがない。なぜなら情報とは、読者が知りたかったことそのものを指すからである。コミュニケーション能力を上げたいからコミュニケーションに役立つライフハッ

知識と情報の差異

情報 ＝ 知りたいこと

知識 ＝ ノイズ ＋ 知りたいこと

※ノイズ……他者や歴史や社会の文脈

クを得る、お金が欲しいから投資のコツを知る――それが情報である。

情報とは、ノイズの除去された知識のことを指す。

だからこそ「情報」を求める人に、「知識」を渡そうとすると「その周辺の文脈はいらない、ノイズである、自分が欲しいのは情報そのものである」と言われるだろう。

インターネットとは、検索したりフォローしたり、自分の欲しい情報を得るための場である。もちろんそのなかで偶然の知との出会いがあったり、ノイズとなるような情報と出くわすこともあるだろう。しかし本質的には、インターネットの情報に求められているのは「ノイズなく、欲しい情報を得られること」だろう。だからこそ『電車男』の主人公は、掲示板という情報交換サイトを通して、自分の状況にカスタマイズされた情報を掲示板の住民から得ることができたのである。

インターネットを介した情報のやりとりは、検索すれば手早く欲しい情報を得られるし、他人に情報を伝えるスピードも速い。情報を得たり広げたりする速さは、糸井が「インターネット的」と呼んだ性質そのものの利点である。一方で、欲しい情報以外の偶然性を含んだ展開には、インターネットでは出会いづらい。しばしば「新聞を毎日めくっていたころは自分の興味のないニュースも入ってきたが、インターネットを見るようになってからは自分の興味のないニュースは入ってこない」と述べる人を見かけるが、それもまた知識と情報の差異から来ている。

読書は欲しい情報以外の文脈やシーンや展開そのものを手に入れるには向いているが、一方で欲しい情報そのものを手に入れる手軽さや速さではインターネットに勝てない。

読書は楽しまれることができるか？

そしてインターネット的情報が台頭してきたなかで、インターネットの外の外部環境——労働環境は、新自由主義の空気に覆われ、さらにそのような社会を促進する。

前章で説明したような市場適合と自己管理の欲望が促進される社会で、ノイズのない「情報」の価値は上がり続けていく。前述した阿部の『搾取される若者たち』において、趣味を楽しむ余裕もないまま仕事にのめり込む様子が批判的に綴られているが、趣味もまた仕事にとってはノイズになる。そのような社会で、読書のような偶然性を含んだ媒体が遠ざけられるのは、当然のことだろう。

自分の好きな仕事をして、欲しい情報を得て、個人にカスタマイズされた世界を生きる。それが２０００年代の「夢」なのだとしたら、「働いていると本が読めなくなる」理由は、ただ時間だけが問題なのではない。

問題は、読書という、偶然性に満ちたノイズありきの趣味を、私たちはどうやって楽しむことができるのか、というところにある。

時は経って２０１０年代半ば、労働はさまざまな経緯を経て、働き方改革の風が吹く。

働き方改革のひとつの契機となった２０１５年（平成27年）の電通社員過労自殺事件の被害者である高橋まつりさんのSNSには、このような言葉が綴られていた。

就活してる学生に伝えたいこととは、仕事は楽しい遊びやバイトと違って一生続く「労働」であり、合わなかった場合は精神や体力が毎日磨耗していく可能性があるということ。。

（まつり @matsuririri、２０１５年11月15日投稿、X［旧 Twitter］より。文末の句点は原文ママ）

「労働」は、楽しい遊びやバイトとは違う。そのことに気づいていないのが、おそらく２００
０年代までの日本だった。
だとすれば、２０１０年代の「夢」はまた少し変わっていたのではないだろうか。

第九章　読書は人生の「ノイズ」なのか？

――２０１０年代

１　働き方改革と労働小説

「多動力」の時代に

よくビジネス書では、人に好かれる能力を磨きなさいと説かれていますが、僕は逆だと思っています。人を好きになる能力の方が、よっぽど大事だと思います。

人を好きになることは、コントローラブル。自分次第で、どうにでもなります。でも人に好かれるのは、自分の意思では本当にどうにもなりません。コントローラブルなことに手間をかけるのは、再現性の観点でも、ビジネスにおいて当然でしょう。

（前田裕二『人生の勝算』）

『花束みたいな恋をした』で、仕事に忙殺され、小説を読めなくなった麦が手に取っていた『人生の勝算』。そこにはこんな言葉が綴られていた。

コントローラブルなことに手間をかける。それがビジネスの役に立つ。――この発言は、まさに本書が指摘してきた「ノイズを排除する」現代的な姿勢を地でいく発言ではないか。同書を読んだとき私は思わず、このページのスクリーンショットを撮ってしまった。

コントローラブルなものに集中して行動量を増やし、アンコントローラブルなものは見る価値がないから切り捨てる。それが人生の勝算を上げるコツであるらしい。

とにかく行動することが重要だと語る『人生の勝算』は、行動力に関するエピソードを多数収録する。前田自身、電話掛けの営業からメモの頻度や自己分析の量に至るまで、たしかに異常ともいえる行動量で知られる人物だ。

２０１０年代半ばのビジネス書の「行動重視」傾向は、同書だけに限ったことではない。

『人生の勝算』と同じレーベルから出版された『多動力』（堀江貴文、幻冬舎、2017年）は30万部を突破。あるいは『結局、「すぐやる人」がすべてを手に入れる』（藤由達藏、青春出版社、2015年）、『めんどくさがる自分を動かす技術』（冨山真由著、石田淳監修、永岡書店、2015年）といった行動を促すビジネス書は2010年代半ばに発売され、『花束みたいな恋をした』のなかで、社会人になった麦の本棚に収められていた。どの本も「行動量を上げることで、仕事の成功をおさめる」ことを綴ったビジネス書である。

新自由主義とは何か

また「行動重視」以外にも、『人生の勝算』は興味深い価値観を提示している。それは著者の前田が「自分の人生のコンパスを自分で決め、努力する」ことを繰り返し説いている点である。自己決定権こそが大切だということだ。

つまり、前章、前々章で見てきたような新自由主義的思想を前田はとにかく忠実に内面化している。

ここで新自由主義（ネオリベラリズム）について簡単にまとめておこう。

新自由主義的社会とは、国家の福祉・公共サービスが縮小され、規制緩和されるとともに、市場原理が重要視される社会のことである。このような社会においては、資本主義論理——つまりは市場の原理こそが最も重要だとされ、国家の規制は緩和されるため、企業間の競争は激しくなる。

同時に、個人の誰もが市場で競争する選手だとみなされるような状態であるため、自己決定・自己責任が重視される。たとえば近所だから助け合う、同じ会社だから連帯して組合をつくるなどの共同体論理よりも、現代では組織や地域に縛られず自分のやりたいようにやること、自分の責任で自分の行動を決めることなどの個人主義が重視されている。これも新自由主義的思想だと言えるだろう。

日本でも1990年代から2000年代にかけて、民営化が進み、金融自由化が進んだ。それはまさに「新自由主義」思想が広まる一端を担った。結果として、自己決定・自己責任の論理を内面化する人々が増えた。というか、個人のビジネスマンとして市場に適合しようとすれば、新自由主義的発想にならざるをえない。

市場の波にさらされているとき、組織や隣人よりも、まず自分のことを守ろうとするのは当然のことである。もしこれを読んでいるあなたが「自分の責任で自分のやりたいことをやるべきだ」「失敗しても、それは自分のせいだ」と思うことがあるならば、ひと昔前なら「社会のルールに問題があるのかもしれない」という発想をしたかもしれない、ということを思い出してほしい。新自由主義的発想は、私たちの生きる社会がつくり出したものである。

前田の『人生の勝算』を読んでいると、まさにこの新自由主義的発想を内面化していることがよく分かる。「自分の人生のコンパスを自分で決め、努力する」という論理は、自己決定・自己責任論そのものだ。

何度も言うが、この前田の価値観は社会がつくり出したものでもあるので、このような発想を持つ個人を批判する気は毛頭ない。というか、私もまたそういう価値観を重視する人間のひとりである。選択肢を他人に決められたくない、自分で決めたいといつも思っている。今の社会に適応しようとすると、このように考えないと幸せになりづらいのでは、とすら感じる。

一方で、「自分が決めたことだから、失敗しても自分の責任だ」と思いすぎる人が増えることは、組織や政府にとって都合の良いことであることもまた事実である。ルールを疑わない人間が組織に増えれば、為政者や管理職にとって都合の良いルールを制定しやすいからだ。ルールを疑うことと、他人ではなく自分の決めた人生を生きることは、決して両立できないものではないはずなのだ。しかし『人生の勝算』にそのような視点はない。当然である。仕事や社会のルールを疑っていては——たとえば「こんなに飲み会をやっていたら、誰かいつか体を壊すのでは？」とか「そもそも日本のアイドルの労働量は過多であり、配信まで増やしたら彼女たちの時間の搾取は進むばかりでは？」とか――ビジネスの結果を出す「行動」に集中できないからだ。

市場という波にうまく乗ることだけを考え、市場という波のルールを正そうという発想はない人々。それが新自由主義的社会が生み出した赤ん坊だったと言えるかもしれない。

働き方改革と時代の変わり目

そんな時代の波に乗りに乗ったかのように見える『人生の勝算』。読んでいると、2017年（平成29年）に発売された同書がすでに「今の時代にはそぐわない」ことを幾度も説いている点が、妙に印象に残る。

たとえば前田が「自分の人生のコンパスを自分で決める」例として、「自分は仕事に熱狂したが、兄はそんな仕事一本ではなく家族を大切にして幸せそうだ」というエピソードを挙げる。ここには「仕事ばかり頑張るだけが正義ではないけれど」とでも言いたげな、そこはかとない時代へのフォローが見え隠れしている。さらに「他者のことを考えて行動せよ」と説いている際、「でも昔と今とではルールが違いますので」と注釈をつけているあたり、やはり自分が時代にそぐわないことへのフォローを入れているなと感じてしまう。

飲みの席でバカをやり切れるようになって以来、営業の電話を取ってもらえる確率が飛躍的に向上しました。こんなことで、と最初は悔しかったのですが、前田は振りきって何でもやれるヤツだと評判も広がって、飲みのお誘いや、営業での指名が増えました（注：もちろん、これが通用するお客さんは一部でしたし、今の証券業界は接待ルールが厳格になっており、ゲームのルールが変わっているかと思います）。


『人生の勝算』の編集者である箕輪《みのわ》厚介は、自己啓発書『死ぬこと以外かすり傷』（マガジンハウス）を2018年に出版した。この本もまた「行動重視」のビジネス本であり、死なないならどんな行動をとってもいいと綴られている。が、2023年（令和5年）に彼は『かすり傷も痛かった』（幻冬舎）というエッセイを出版している。

そりゃそうだ。いくら死なきゃいいと思っていても、現実は、かすり傷ですら痛い。

――そのことに皆が気づき始めたのが2010年代後半だった。

2015年（平成27年）に電通過労自殺事件が起こり「働き方改革」という言葉が叫ばれ始

めた。2019年に施行された働き方改革関連法は時間外労働の上限規制の導入、年次有給休暇取得の一部義務化など、長時間労働にメスを入れる形になった。高度経済成長期からはじまった、この国の長い長い長時間労働の歴史がやっと変わろうとしていたのである。

ノマド、副業、個で生きる

大企業の長時間労働是正がなされる一方、2000年代からはじまっていた日本社会の「やりたいことを仕事にする」幻想は、2010年代にさらに広まることになる。

働き方改革がはじまる少し前――2014年（平成26年）からはじまったYouTubeのCMキャンペーンのキャッチコピー「好きなことで、生きていく」を覚えている人もいるだろう。

そう、会社に頼る代わりに、一方で「副業」や「フリーランス」といった働き方がもてはやされたのだ。会社や組織に頼らず、個で稼げ、と説かれる。「ノマド」という言葉も浸透し、立花岳志の『ノマドワーカーという生き方―場所を選ばず雇われないで働く人の戦略と習慣』（東洋経済新報社）が出版されたのは2012年（平成24年）のことだった。

この傾向は、働き方改革を経てますます強くなる。つまり会社で終身雇用に頼るのではなく、好きなことや自己実現を果たせることで、個として市場価値のある人間になるべきだ、というメッセージが日本社会に発信されたのだ。

自分の意志を持て。グローバル化社会のなかでうまく市場の波を乗りこなせ。ブラック企業に搾取されるな。投資をしろ。自分の老後資金は自分で稼げ。集団に頼るな。——それこそが働き方改革と引き換えに私たちが受け取ったメッセージだった。

労働小説の勃興

働き方改革の時代性は、読書の世界にも影響を及ぼす。

実はリーマンショックを経た２０００年代末から２０１０年代、労働というテーマが小説の世界で脚光を浴びていた。

たとえば非正規雇用の女性が主人公である津村記久子の小説『ポトスライムの舟』（講談社）が芥川賞を受賞したのは２００９年（平成21年）。企業を舞台にした池井戸潤の小説『下町ロケット』（小学館）が直木賞を受賞したのは２０１１年（平成23年）。就職活動をテーマとした朝井リョウの小説『何者』（新潮社）が同じく直木賞を受賞したのは２０１３年（平成25年）。どれも「働き方」や「働くこと」の是非を表現した小説だった。

さらに2016年（平成28年）に発売され芥川賞を受賞した村田沙耶香《さやか》『コンビニ人間』（文藝春秋）はベストセラーとなった。本書はコンビニで働く女性の物語なのだが、コンビニで働くことで自分を「普通」に適合させるのだと主人公は感じている。つまり労働が主人公の女性にとって、実存そのものの問題となっている。

ほかにも、『舟を編む』（三浦しをん、光文社、2011年）、『銀翼のイカロス』（池井戸潤、ダイヤモンド社、2014年）など、仕事をテーマにしたベストセラーも登場し、ドラマも労働の風景を描いた『半沢直樹』（TBS、2013年）、『逃げるは恥だが役に立つ』（TBS、2016年）が高視聴率を獲得した。

2000年代半ばに「純愛」ブームがあったのは前章で見たとおりだが、2010年代は、「労働」ブームだったと言えるだろう。

ちなみに、2010年代の労働の捉え方については、拙著『女の子の謎を解く』（笠間書院、2021年）で解説したので、興味のある方はそちらで読んでみてほしい。

2 「娯楽」が「情報」になる日

SNSと読書量

2010年代、SNSが人々の生活に本格的に普及した。

そもそも2010年にはスマートフォンの世帯保有率が9・7％だったのに対し、2015年には72・0％まで上昇し、2020年（令和2年）には86・8％にまで至っている（総務省「通信利用動向調査」より）。2010年代の情報環境において最も大きな変化はスマートフォンの普及だろう。

そのなかで人々のSNS利用も増大した。ICT総研による「SNS利用動向に関する調査」（2020年）によれば、ネットユーザー全体に占めるSNS利用率は2015年で65・3％だったが、2020年には80・3％に達している。他者とのコミュニケーションのためにSNSを利用する人が増大した。

SNSの普及は、読書量に影響をもたらしたのだろうか？

上田修一「大人は何を読んでいるのか─成人の読書の範囲と内容」の調査によれば、近年数年間の読書の量について、「減った」と答えた人（35・5％）のうち、SNSの影響を挙げた人（6・2％）よりも、「仕事や家庭が忙しくなったから」と答えた人（49・0％）のほうがずっと多い。

読書量が減ったと感じている人のうち、半数が「仕事や家庭が忙しい」ことを原因と感じている──。

これはまさに本書のタイトルが指す「働いていると本が読めない」という現象そのものである。

本を早送りで読む人たち？

本書の序章で、2020年代初頭現在において「読書法」というジャンルの書籍において「読書を娯楽として楽しむことよりも、情報処理スキルを上げることが求められている」という旨を説明した。そう、もはや数少なくなってしまった読書する人々のなかでも、読書を「娯楽」ではなく処理すべき「情報」として捉えている人の存在感が増してきているのだ。

たしかに私が書店に行っても、速読本はいつでも人気で、「東大」や「ハーバード大学」を冠した読書術本が棚に並び、ビジネスに「使える」読書術が注目されている。「速読法」や「仕事に役立つ読書法」をはじめとして、速く効率の良い情報処理技術が読書術として求められている。

（本書　序章より）

読書ではなく映画鑑賞について、「情報」として楽しむ人が増えていると指摘したのは稲田豊史『映画を早送りで観る人たち―ファスト映画・ネタバレ――コンテンツ消費の現在形』だった。

稲田は現代人の映画鑑賞について、以下のような区分が存在すると述べる。

芸術――鑑賞物――鑑賞モード
娯楽――消費物――情報収集モード

（原文太字）

このような区分が人々のなかに存在しており、だからこそ「観る」と「知る」は違う体験である、早送りで映画を見る人たちの目的は「観る」ことではなく「知る」ことなのだと稲田は説く。

本書を稲田の思想に沿わせるとするならば、読書もまた同様に以下のような区分が可能になる。

① 読書――ノイズ込みの知を得る
② 情報――ノイズ抜きの知を得る
（※ノイズ＝歴史や他作品の文脈・想定していない展開）


小説などのフィクションを「知」とまとめるのは抵抗がある人もいるかもしれない。しかし本書では、メディアに掲載されている内容すべてを「知」と呼ぶことにする。というのも本書は冒頭から、「勉強・学問」と「娯楽としての本・漫画」を区別していないからだ。

だとすれば近年増えている「速読法」や「仕事に役立つ読書法」が示す「読書」とは、やはり後者の②「情報」をいかに得るか、という点に集約される。情報を得るには、速く、役立つほうがいいからだ。そして労働にとって、②「情報」は必要である。しかし労働にとって、①「読書」は必要がない。

市場という波を乗りこなすのに、ノイズは邪魔になる。アンコントローラブルなノイズなんて、働いている人にとっては、邪魔でしかない。……だとすれば、読書は今後ノイズとされていくしかないのだろうか？

自分と関係がない情報、という「ノイズ」

興味深いのが、『映画を早送りで観る人たち』と同年に出版された『ファスト教養』である。何度か本書でも参照している同書は「仕事に役立つ教養」という切り口で教養を速く手軽に伝える人々の存在を「ファスト教養」という言葉で定義し、その発生は新自由主義的思想の台頭と因果関係があると説明する。

ファスト教養は、まさに〈ノイズを除去した情報〉としての教養のことである。たとえば起業家・投資家の田端信太郎は「えらい人と話を合わせるツール」として教養が使えるという旨を述べていることを、著者のレジーは批判的に参照する。

しかし一方で興味深いのが、田端が教養として「過去のポップカルチャーの知識」を挙げる点である。

採用面接を受けに来たある若者が、音楽ユニットのフリッパーズ・ギターのことを知っていた。フリッパーズ・ギターといえば、少し昔に流行った音楽で、若者にとってはもはや「教養」だろう。しかし若者がたまたまフリッパーズ・ギターという過去のポップカルチャーについて明るく話が盛り上がったことに好感を持ち、採用を決めた。要は、若者は学業や専門的なスキルではなく過去のポップカルチャーという教養で、採用を手に入れたのだ。この件から田端は「一般教養が重要」という教訓を導く。

これを「一般教養」というのか「人間力」というのかわかりませんが、ビジネスの場面では案外そういうものがものを言います。

(『これからの会社員の教科書—社内外のあらゆる人から今すぐ評価されるプロの仕事マインド71』)

『ファスト教養』はこの田端の発言をまさにファスト教養的だと説明する。昔の作家やミュージシャンに関する知識があることが「一般教養」とされていることもそもそもファスト教養的だし、さらにそんな「一般教養」を知っていることが面接で役に立つという言説もまたファスト教養的である、ということだ。

しかしここで田端が挙げる「教養」が現代で流行していない＝現代の流行の文脈をさかのぼ

ったところにある情報であることに注目したい。

フリッパーズ・ギターのどこが「教養」らしさを帯びているのかと言えば、「過去」というノイズが存在しているにもかかわらず、その情報にたどり着いたところにある。つまり面接を受けた若者と、フリッパーズ・ギターの間には、「（自分の時代とは関係のない）過去の流行」というノイズ性が横たわっている。彼にとってフリッパーズ・ギターは、時間軸からすると、今の自分から遠く離れた場所にあったのだろう。しかしその遠く離れた場所にある知識に、彼は届いた。

もしかすると、フリッパーズ・ギターの知識を得ようとした動機は、「いつかおじさん世代と喋るときに役立つかもしれないから」かもしれない。しかし動機がなんであれ、若者はノイズ性（＝今ではなく過去に流行した音楽であること）の含まれた知識にたどり着いた。彼はフリッパーズ・ギターを通して、いささか大げさに言えば、他者の文脈——おじさん世代に流行した音楽という文脈——に触れたのだ。

これが教養でなくて、何だろう。今回の例はきわめて示唆的なエピソードではないだろうか。

教養とは、本質的には、自分から離れたところにあるものに触れることなのである。

それは明日の自分に役立つ情報ではない。明日話す他者とのコミュニケーションに役立つ情報ではない。たしかに自分が生きていなかった時代の文脈を知ることは、今の自分には関係がないように思えるかもしれない。

しかし自分から離れた存在に触れることを、私たちは本当にやめられるのだろうか？

私たちは、他者の文脈に触れながら、生きざるをえないのではないのか。

つまり、私たちはノイズ性を完全に除去した情報だけで生きるなんて——無理なのではないだろうか。

3　他者の文脈を知る

『推し、燃ゆ』とシリアスレジャー

2010年代後半から2020年代にかけて、「オタク」あるいは「推し」という言葉が流行するようになった。

2021年に芥川賞を受賞した『推し、燃ゆ』（宇佐見りん、2020年）は「推し」のアイドルを愛する女性の葛藤を描き、単行本は50万部を突破している。同書の主人公・あかりの特徴

的な点は、これまで余暇時間に趣味として楽しむものとされてきたアイドルの応援活動に、人生の実存を預けているところにある。つまり『コンビニ人間』が労働で実存を埋める女性を描いた物語だとすれば、『推し、燃ゆ』は「推し」という趣味とそれにともなうSNSでのコミュニケーションのなかで実存を埋める女性を描いた物語である。

あたしには、みんなが難なくこなせる何気ない生活もままならなくて、その皺寄《しわよ》せにぐちゃぐちゃ苦しんでばかりいる。だけど推しを推すことがあたしの生活の中心で絶対で、それだけは何をおいても明確だった。中心っていうか、背骨かな。
勉強や部活やバイト、そのお金で友達と映画観たりご飯行ったり洋服買ってみたり、普通はそうやって人生を彩り、肉付けることで、より豊かになっていくのだろう。あたしは逆行していた。何かしらの苦行、みたいに自分自身が背骨に集約されていく。余計なものが削ぎ落とされて、背骨だけになってく。
（『推し、燃ゆ』）

「推し」という他人を応援することが、自分の「背骨」であると『推し、燃ゆ』の主人公・あかりは述べる。つまり、『推し、燃ゆ』は生活の一部として「推し」がいるわけではなく、人生の生きる意味や生きることそのものが「推し」なのだと語っている。

これはオタクと呼ばれる人に限った話ではない。昨今「シリアスレジャー」と呼ばれる、「お金にならない趣味を生きがいとする人々」が注目されている。『「趣味に生きる」の文化論―シリアスレジャーから考える』（宮入恭平・杉山昂平編）において、たとえばアマチュアオーケストラの団員やボランティアなどが「シリアスレジャー」の担い手として登場する。労働の合間に休息として癒やしや豊かさを求めておこなう「レジャー」ではない。自分の人生の生きる意味となる、「シリアスレジャー」。

「推し」を応援することが、「シリアスレジャー」になった女性の人生を描いた物語が『推し、燃ゆ』だった。

自分以外の文脈を配置する

あかりは究極的に自分の文脈のすべてを「推し」に集約させている。

しかし『推し、燃ゆ』という物語が面白いのは、自分の文脈すべてを集約させていた「推し」から離れる境地までを描いているところだ。

ふと、祖母を火葬したときのことを思い出した。人が燃える。肉が燃えて、骨になる。祖母が母を日本に引き留めたとき、母は何度も祖母に、あなたの自業自得でしょう、と言った。母は散々、祖母にうちの子じゃないと言われて育ってきたらしい。今さら娘を引き留めるなんて、と泣いた。自業自得。自分の行いが自分に返ること。肉を削り骨になる、推しを推すことはあたしの業であるはずだった。一生涯かけて推したかった。それでもあたしは、死んでからのあたしは、あたし自身の骨を自分でひろうことはできないのだ。


「推し」を推すことは、自分の人生そのものであるはずだった。しかし——自分だけでは、自分は生きられない。そのことにあかりは直面する。自分の骨は、自分で拾えない。他者に拾ってもらわなくてはいけない。自分の人生から離れたところで生きている、他者を人生に引き込みながら、人は生きていかなくてはならない。

自分の人生の文脈を、「推し」とは違うところに配置しなくては、生きていけない。自分の人生の文脈以外も、本当は、必要なのだ。人生には。

そうあかりは、悟るのだった。

仕事以外の文脈を思い出す

『ファスト教養』のなかでレジーは、ビジネス上のコミュニケーションのために音楽という情報を得ようとすることを批判的に語る。しかし一方で、ビジネスのために音楽という情報に触れることで、結果的に本来ノイズだった、ビジネス以外の文脈に触れることも——あるかもしれないのだ。

そう、映画を早送りで観ても、教養をビジネスのために利用しても、「推し」を仕事からの現実逃避のために推していても。それはもしかすると、自分の外側にあるノイズである文脈——遠いけれどいつかは自分に返ってくるかもしれない文脈——の入り口かもしれない。

たとえ入り口が何であれ、情報を得ているうちに、自分から遠く離れた他者の文脈に触れることはある。

たとえば面接のためにフリッパーズ・ギターを調べているうちに、昔の音楽を聴くようになるかもしれない。たとえば早送りで観たドラマをきっかけに、自分ではない誰かに感情移入するようになるかもしれない。たとえば自分の「推し」がきっかけで、他国の政治状況を知るかもしれない。

今の自分には関係のない、ノイズに、世界は溢れている。

その気になれば、入り口は何であれ、今の自分にはノイズになってしまうような——他者の文脈に触れることは、生きていればいくらでもあるのだ。

大切なのは、他者の文脈をシャットアウトしないことだ。

仕事のノイズになるような知識を、あえて受け入れる。

仕事以外の文脈を思い出すこと。そのノイズを、受け入れること。

それこそが、私たちが働きながら本を読む一歩なのではないだろうか。

半身《はんみ》で働く

2023年（令和5年）1月に放送された『100分 de フェミニズム』（NHK・Eテレ）において、社会学者の上野千鶴子は、「全身全霊で働く」男性の働き方と対比して、女性の働き方を「半身で関わる」という言葉で表現した。

身体の半分は家庭にあり、身体の半分は仕事にある。それが女性の働き方だった。

しかし高度経済成長期の男性たちは、全身仕事に浸かることを求めた。そして妻には、全身家庭に浸かることを求めた。それでうまくいっていた時代は良かったかもしれない。だが現代は違う。仕事は、男女ともに、半身で働くものになるべきだ。

半身で働けば、自分の文脈のうち、片方は仕事、片方はほかのものに使える。半身の文脈は仕事であっても、半身の文脈はほかのもの——育児や、介護や、副業や、趣味に使うことができるのだ。

読書とは、「文脈」のなかで紡ぐものだ。たとえば、書店に行くと、そのとき気になっていることによって、目につく本が変わる。仕事に熱中しているときは仕事に役立つ知識を求めるかもしれないし、家庭の問題に悩んでいるときは家庭の問題解決に役立つ本を読みたくなるかもしれない。読みたい本を選ぶことは、自分の気になる「文脈」を取り入れることでもある。

1冊の本のなかにはさまざまな「文脈」が収められている。だとすれば、ある本を読んだことがきっかけで、好きな作家という文脈を見つけたり、好きなジャンルという新しい文脈を見つけるかもしれない。たった1冊の読書であっても、その本のなかには、作者が生きてきた文脈が詰まっている。

本のなかには、私たちが欲望していることを知らない知が存在している。

知は常に未知であり、私たちは「何を知りたいのか」を知らない。何を読みたいのか、私たちは分かっていない。何を欲望しているのか、私たちは分かっていないのだ。

だからこそ本を読むと、他者の文脈に触れることができる。

自分から遠く離れた文脈に触れること――それが読書なのである。

そして、本が読めない状況とは、新しい文脈をつくる余裕がない、ということだ。自分から離れたところにある文脈を、ノイズだと思ってしまう。そのノイズを頭に入れる余裕がない。自分に関係のあるものばかりを求めてしまう。それは、余裕のなさゆえである。だから私たちは、働いていると、本が読めない。

仕事以外の文脈を、取り入れる余裕がなくなるからだ。

「働いていても本が読める」社会

しかしこの社会の働き方を、全身ではなく、「半身」に変えることができたら、どうだろうか。

半身で「仕事の文脈」を持ち、もう半身は、「別の文脈」を取り入れる余裕ができるはずだ。

そう、私が提案している「半身で働く社会」とは、働いていても本が読める社会なのである。

仕事だけではないかもしれない。育児や介護、勉強、プライベートの関係。そういったもので忙しくなるとき、私たちは新しい文脈を知ろうとする余裕がなくなる。

新しい文脈を知ろうとする余裕がないとき、私たちは知りたい情報だけを知りたくなる。読みたいものだけ、読みたくなる。未知というノイズを受け入れる余裕がなくなる。長時間労働に疲れているとき、あるいは家庭にどっぷり身体が浸かりきっているとき、新しい「文脈という名のノイズ」を私たちは身体に受け入れられない。

それはまるで、新しい交友関係を広げるのに疲れたときに似ている。未知の他者と会って仲良くなるには、自分に余裕がないといけない。それは仕事の文脈しか頭に入ってこないときに、新しい分野の本への感受性を失っている体験にとてもよく似ている。

だが新しい文脈という名のノイズを受け入れられないとき。

そういうときは、休もう。

と、私は心底思う。

疲れたときは、休もう。そして体と心がしっくりくるまで、回復させよう。本なんか読まなくてもいい。趣味なんか離れていいのだ。しんどいときに無理に交友関係を広げなくていい、疲れているときに無理に新しいものを食べなくていいのと同じだ。

そして——回復して、新しい文脈を身体に取り入れたくなったとき、また、本を読めばいいのだ。

そんな余裕を持てるような、「半身で働く」ことが当たり前の社会に、なってほしい。

何度も言うが、それこそが「働いていても本が読める」社会だからだ。

本を読むことは、自分から遠く離れた他者の文脈を知ることである。しかしそれは遠く離れているとはいえ、自分と完全に切り離されているわけではない。いつか自分につながってくる文脈なのかもしれない。

たまに「本が役に立つかどうかなんて関係ない」と言う人がいるが、あれはつまり、あなたの今の文脈にすぐつながるかどうかは分からないくらい遠いかもしれない、と述べているにすぎない。だが私は、この世の知識はいつかどこかで自分につながってくると思っている。他者は自分と違う人間だが、それでも自分に影響を与えたり、あるいは自分が影響を与えたりするのと同じだ。

遠く離れた他者もまた、いつかのあなたとつながる文脈にいるのかもしれない。

だとすればやはり、本を読むことは、どこかであなたにつながるかもしれない文脈を知ることだ。今は、働くことにつながらないように見えても。

働きながら、働くこと以外の文脈を取り入れる余裕がある。それこそが健全な社会だと私は思う。

働いていても、働く以外の文脈というノイズが、聴こえる社会。
それこそが、「働いていても本が読める」社会なのである。

最終章　「全身全霊」をやめませんか

日本の労働と読書史

最後の章では、これまで労働と読書の歴史を紐解いて分かった点から見えてくる、今後のあるべき社会について描いてみたい。「働きながら本を読める社会」。それは、はたしてどのような社会なのだろうか。

その前にまずは、本書が展開してきた議論をまとめたい。

序章では、映画『花束みたいな恋をした』を参照し、なぜ働いていると本が読めなくなるという声が上がるようになったのか？という問題提起をおこなった。

明治〜大正時代を扱った第一、二章においては、日本の近代化の過程で、国家が青年たちに

労働と読書の変遷

	国の状況に関するトピック	労働に関するトピック	自己啓発の欲望	自己啓発の手段	読書の位置
明治〜大正	近代化	職業の自由化	立身出世したい	修養	エリートの教養
戦前〜戦後	高度経済成長	新中産階級の誕生	エリート階層に追いつきたい	教養	エリート＋大衆の教養
オイルショック〜バブル期	ジャパン・アズ・ナンバーワン	日本企業的働き方の定着	会社で出世したい	会社研修	娯楽
バブル崩壊後〜現代	民営化、グローバル化	仕事＝自己実現	仕事で自己実現したい	情報	ノイズ

立身出世を追求させたことを確認した。この流れのなかで修養という名の自己啓発を煽る書籍や雑誌が流行する。さらに修養のひとつの系譜として、青年たちの間に、立身出世の手段としての教養を重視する傾向が生まれた。

第三、四章で綴った戦前〜戦後の日本では、サラリーマンという新中産階級が誕生した。彼らに読まれることで書籍もまた一部のエリートのものではなく大衆の娯楽となった。ここで円本や全集などの教養を大衆に啓蒙する書籍が多数売れることになる。

第五、六章で見た高度経済成長期を終えた日本において、もはやサラリー

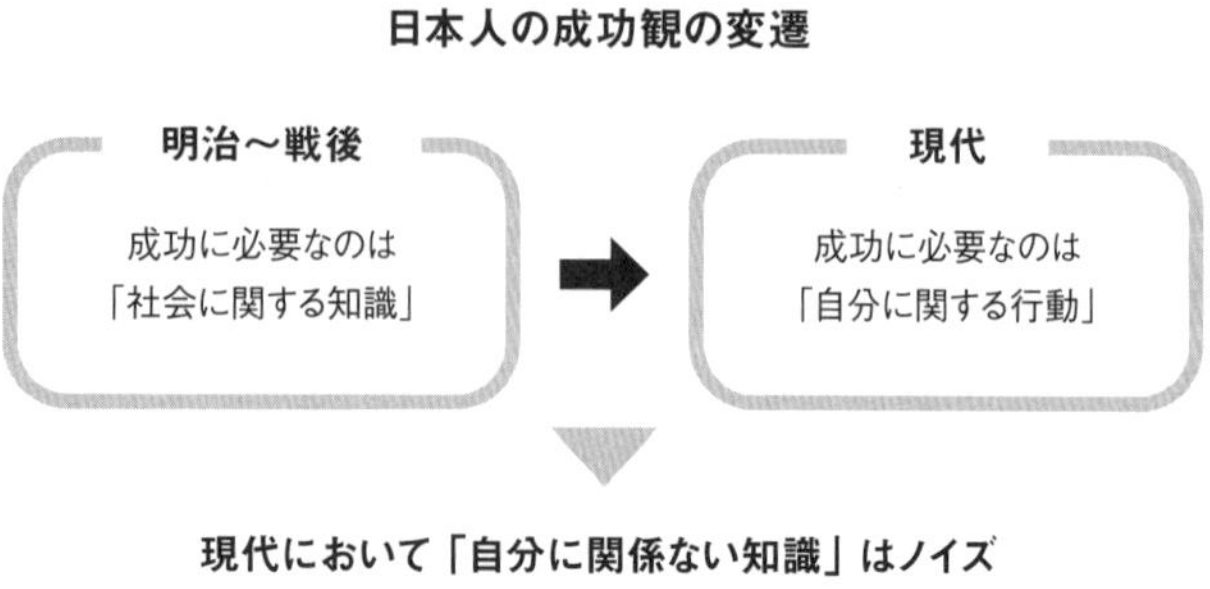
日本人の成功観の変遷
明治〜戦後
成功に必要なのは
「社会に関する知識」
現代
成功に必要なのは
「自分に関する行動」
現代において「自分に関係ない知識」はノイズ

マンにとって読書は立身出世のために読むものというより、テレビと連動して売れる娯楽のひとつとなっていた。当時、テレビ売れという大衆向け書籍のベストセラーによって出版界はかつてない売り上げを誇った。しかし日本人の書籍の購入ピークはこのときだった。

第七〜九章においては、バブル崩壊後の日本で労働環境が変化し、情報社会が到来するなかで、自己啓発書が売れるようになった背景を指摘した。人々の働き方が変化するなかで、自己啓発書が象徴するように、自分の意図していない知識を頭に入れる余裕のない人が増えていった。

整理すると、明治〜戦後の社会では立身出世という成功に必要なのは、教養や勉強といった社会に関する知識とされていた。しかし現代において成功に必要なのは、その場で自分に必要な情報を得て、不必要な情報はノイズとして除外し、自分の行動を変革することである。そのため自分にとって不必要な情報も入ってくる読書は、働いていると遠ざけられることになった。

つまり、1980年代以前に長時間労働に従事する人々が本や雑誌を読めていたのは、それが労働や社会的地位上昇の役に立つ「知識」を得る媒体だったからだ。しかし1990年代以降、労働や成功に必要なものは、自分に関係のある情報を探し、それをもとに行動することとされた。

だが今後、80年代以前のような「労働のために読書が必要な時代」はもうやってこないだろう。それでは、現代において労働に関係しない文化的な時間を楽しむことは、あきらめなくてはいけないのか？　そうではない。

第九章の最後に私は、「働きながら本を読める社会」の実現のために、読書で自分に関係のないノイズの文脈を取り入れる余裕を持つことのできる「半身」の働き方を提案した。本章ではこの点について改めて考えてみたい。

日本の労働時間はなぜ長い？

しかし「半身で働こう」なんて言うと、このような疑問を持つ人もいるだろう。

「でもそんなこと言ったって、会社に勤めていて、長時間労働は必要なんじゃないの？　長時間労働しないと、仕事は終わらないんですが。半身で働くなんて絵空事では？」

そもそも実際に本書でも見てきたとおり、１９９０年代後半以降つまり景気後退によって新規採用数が減少した後、フルタイム男性労働者の平日の平均労働時間は増加した。会社の労働力は減ったのに仕事の量は変わらないため、労働時間を長くせざるをえなかったのだ。

だが現代日本企業の労働時間において、非効率で無駄な時間が存在していることがすでに指摘されている（山本勲・黒田祥子『労働時間の経済分析—超高齢社会の働き方を展望する』）。というのも、たとえば欧州に赴任した日本人は帰国後、意図的に労働時間を短くする傾向にあるのだという。日本は社内資料を整えたり社内の根回しをしたり過度な丁寧さを求める職場慣行が存在する。これは「情意考課」が評価基準となる企業内部昇進制の影響であろう。しかしそのような態度評価は仕事量には関係がない点であるはずだ。そのためそこを削るべきだ、と欧州から帰ってきたサラリーマンの多くは思う傾向にあることが山本・黒田の研究で示されている。

だとすれば私たちはこう問うべきだろう。

本当に、長時間労働は必要なのだろうか？

そもそも日本企業は他国の企業と比較し、なぜ長時間労働を推奨するようになっていたのだろう？

山本・黒田は、日本はそもそも他国と比較して、労働者1人あたりの採用・解雇・教育訓練費用などのオーバーヘッドの固定費が高いことを指摘する（同前）。つまり、他国よりも研修や採用にお金をかける傾向にある。これは日本企業がそもそも終身雇用、つまり「新卒で何も分かっていない若い新人を採用し、彼らにとにかくお金をかけて会社が育て上げ、定年まで働いてもらう」ことを前提としているからだ。他国の企業より、日本企業は社員の面倒見がいいのだ。

しかし景気が後退したとき、企業の売り上げが下がり、人件費を減らさなくてはいけない。そのとき、せっかく多額の固定費（研修費など）をかけた雇用者を解雇してしまっては、固定費を回収できなくて、トータルでマイナスになってしまう。そのため雇用者は減らさずに、雇用者あたりの残業代を減らすことで調整することにした。

普段は残業代を支払っておいて、景気後退したときはその残業代を減らせばいい。これが日本企業における「残業の糊代《のりしろ》（バッファ）」と呼ばれるからくりなのである。

残業はそもそも仕事が終わらないからやるべきものだったわけではなく、残業代を支払うことを前提として組み立てられた日本企業の必要悪だったのだ。

……が、そんなことはひとりひとりの労働者にとっては、なんの関係もない話である。

実際、山本・黒田が分析した結果、他国と比べると、日本は労働者の希望する労働時間と実労働時間の乖離《かいり》が大きかった。つまり他国と比較して日本は「こんなに長時間働きたくない」と感じている人が多いのだ。

長時間労働は労働者のメンタルヘルスの悪化、ひいては企業の業績悪化につながる傾向がある（これも山本・黒田が分析したとおりである）。

長時間労働は高度経済成長を成功させた日本企業の必要悪だったのかもしれないが、現代の私たちにとって、その働き方は合っていない。

私たちはいまだに非効率な長時間労働を抱えて生きている。それが「仕事以外の文脈を取り入れる余裕のない」すなわち働きながら本が読めない社会をつくってしまっているのだ。

強制されていないのに、自分で自分を搾取する「疲労社会」

では、企業が長時間労働を強制するのをやめれば、私たちは「働きながら本を読める社会」をつくることができるのだろうか？

——実は、問題はそう単純ではない。

この点については欧米ですでに議論されているので紹介したい。

ドイツ在住の哲学者であるビョンチョル・ハンは『疲労社会』でこの問いについて議論を重ねている。というのも彼が指摘するには、19〜20世紀つまり過去においては「企業や政府といった組織から押し付けられた規律や命令によって、人々が支配されてしまうこと」が問題とされていたが、現代の問題はそこにはないのである。

21世紀を生きる私たちにとっての問題は、新自由主義社会の能力主義が植えつけた、「もっとできるという名の、自己に内面化した肯定によって、人々が疲労してしまうこと」なのだ。

どういうことか説明しよう。

20世紀、私たちは常に、自分の外部にいるものと戦ってきた。たとえば他国との戦争、政府への反抗、上司への反発。――私たちが戦う理由は、支配されないため、だった。

しかし21世紀、実は私たちの敵は、自分の内側にいるという。

新自由主義は決して外部から人間を強制しようとしない。むしろ競争心を煽ることで、あくまで「自分から」戦いに参加させようとする。なぜなら新自由主義は自己責任と自己決定を重視するからだ。だからこそ現代において――私たちが戦う理由は、自分が望むから、なのだ。

戦いを望み続けた自己はどうなるのだろう?

疲れるのだ。

その結果として人は、鬱病や、燃え尽き症候群といった、精神疾患に至る。ハンが名づけた「疲労社会」とは、鬱病になりやすい社会のことを指す。それは決して、外部から支配された結果、疲れるのではない。むしろ自分から「もっとできる」「もっと頑張れる」と思い続けて、自発的に頑張りすぎて、疲れてしまうのだ。

日本のように、会社に強制されて長時間労働をしてしまう社会はもちろん問題だ。しかし諸外国の例が示しているとおり、新自由主義社会では会社に強制されなくとも、個人が長時間労働を望んでしまうような社会構造が生まれている。そもそも新自由主義社会は人々が「頑張りすぎてしまう」構造を生みやすく、それは会社が強制するかどうかの問題ではない。個人が「頑張りすぎたくなってしまう」ことが、今の社会の問題点なのである。本書の文脈に沿わせると、「働きながら本が読めなくなるくらい、全身全霊で働きたくなってしまう」ように個人が仕向けられているのが、現代社会なのだ。

以前、作家の村上春樹がエルサレム賞受賞スピーチ（２００９年）で「敵は壁にいて、小説は卵の側に立つ」と述べていた。「我々はみんな多かれ少なかれ、それぞれにひとつの卵なのだ」と村上は告げる。卵とはつまり、簡単に潰される個人の内面や魂のことを指している。一方、その卵を簡単に潰すのが、組織や社会構造といったシステム＝壁であると言うのだ。この壁と卵の比喩は、たしかに従来の日本社会にあてはめると、壁＝長時間労働を強いる会社、卵＝生活を大切にしようとする個人ということにできたのかもしれない。しかし今、私たちは新しい局面を迎えている。私たちは卵＝個人のなかで、自ら、壁＝社会の競争意識の扇動を内面化しているのだ。つまり私たちは今、卵の内側に壁を抱えている。自分で自分を搾取してしまう。

たとえばSNSを眺めれば、他人が仕事の成果を報告している様子が目に入り、私たちは「もっと自分が輝ける好きな仕事をできるのではないか、そのための努力が足りないのではないか」と自ら感じてしまう。あるいはもう疲れ切っているのに、疲れていると思われたくなくて、「自分はこんなに仕事を頑張った、たくさんの情報を処理して、たくさんの成果を上げた」と自らアピールしたくなってしまう。

決して、自分以外の外部に強制されているわけではない。

自らで自らを競争に参加させ、そして自分で自分を搾取してしまうのだ。

本当は、疲労しているのに。

疲労に気づかないふりをしてしまう。

それが現代の病だとハンは説いている。

燃え尽き症候群は、かっこいいですか?

「自由」はなにより優先されるべきだと言われた20世紀を経て、21世紀の今、実は「自由」によって私たちは鬱病を罹患することもある。そんなパラダイムシフトが、今、起こっている。そうドイツの哲学者は説明している。

では、疲労に気づかないふりをやめるには、どうしたらいいのか? 働きすぎてしまう個人を止めるためには、何が必要なのか? この点について論じたのが、アメリカの宗教学者でジャーナリストであるジョナサン・マレシックの『なぜ私たちは燃え尽きてしまうのか―バーンアウト文化を終わらせるためにできること』だった。

実際に大学教員として、過労の末の鬱病ともいえる「燃え尽き(バーンアウト)症候群」を経験した著者マレシックは言う。

「トータル・ワーク(筆者註:後述)の文化も終わらせないと、バーンアウトを根絶することはできない」と。

そもそも、これを読んでいるあなたは「燃え尽き症候群」と聞いて、どう思うだろうか?

正直、私自身「燃え尽き症候群」という言葉に対してそこまでネガティブなイメージを持っていなかった。というか、ちょっとしたかっこ良さまで感じている。なぜなら燃え尽きるほど頑張れる人なんて、なかなかいないからだ。

それが仕事だろうと趣味だろうと何の分野であろうと、燃え尽きることができるくらい、燃える=努力することは、素晴らしいんじゃないか。私はそう思っていた。

しかし実はそのような思想こそが鬱病を引き起こす。そうマレシックは指摘する。

つまり、バーンアウトは英雄的な疲労であり、野心的な労働者はバーンアウトに憧れてさえいるのだ。アメリカの労働文化において疲労はけっしてネガティブなものではない。無理のしすぎがタブー視されることはないからだ。むしろタブーとされているのは、仕事ができないと認めることだ。

(『なぜ私たちは燃え尽きてしまうのか』)

バーンアウト。その言葉を人々が発するとき、そこに込められているのは、「密かな自画自賛」と「自分は悪くないという気分」なのだと同書は告げる。

仕事ができない人に比べたら、仕事を頑張りすぎる人は、褒められるべきだ。疲労するくらい頑張っていないと、成果なんて、出ない。だからこそ無理してでも頑張った人を褒《ほ》め称《たた》えるべきだ。――そのような文化が、アメリカにもある。決して日本も例外ではないだろう。というか日本はヒロイックなまでに「無理して頑張った」話が美談になりがちではないだろうか。高校野球とか、箱根駅伝とか、情熱大陸とか……挙げればきりがない。

しかし「燃え尽き症候群」つまりバーンアウトは、鬱病に至る病である。

一度鬱病になってしまうと、完治することはなかなか難しい。風邪のように薬を飲めば治る、というものではなく、一生付き合っていかなければならない心の病を抱えることになってしまうことも少なくない。

バーンアウトは鬱病に至る病であることが、私たちの社会においては周知されていない。なぜならバーンアウトは、現代の「もっとできる」「もっとやれる」文化に適応した結果だからだ。バーンアウトを否定すると、現代の「もっとできる」「もっとやれる」文化を否定することになってしまう。それを拒否したい人は多い。

バーンアウトについては、ハンもこのように説明している。

燃え尽き症《バーンアウト》とは、むしろ自発的な自己搾取の結果として生じてくる病理である。燃え尽き症《バーンアウト》のあとに生じるうつ病は、人格の拡張、変容、再発見〔を私たちに求める社会〕の命法と表裏一体の関係にある。この命法は、私たちの人格の同一性《アイデンティティ》と結びついた製品が市場に供給されることを前提としている。（『疲労社会』、〔 〕は訳者による補足）

つまり第八、九章で見たように「自己実現」を仕事で果たそうとする社会では、私たちはどうしても「自己実現」の奴隷に自らなってしまい、結果としてバーンアウト、そして鬱病を生み出してしまうのだ。マレシックも大学教員として頑張った末に、バーンアウトしてしまったという。

バーンアウトを、侮るべきではない。マレシックはそう告げる。

頑張りすぎると、人は壊れるからだ。

トータル・ワーク社会

しかしそうはいったって、頑張らないと仕事はできないし、仕事ができないと食べていけないじゃないか？

——現代に生きている私は、そんな問いが頭に浮かぶ。

これについてマレシックは、バーンアウトの本質的な原因は、現代社会が「トータル・ワーク」文化になっていることだと語る。

「トータル・ワーク」とはドイツの哲学者ヨゼフ・ピーパーがつくった言葉だ。ピーパーは『余暇―文化の基礎』において、生活のあらゆる側面が仕事に変容する社会を「トータル・ワーク」と呼んで批判した。

マレシックは、自分がバーンアウトした大学教授だったころ、睡眠時間すら削ってとにかく時間に追われながら一日中仕事のことを考え、いつも時間に遅れている気がしたという。それはまさに「トータル・ワーク」を内面化した姿だっただろう。そしてその末にバーンアウトは起きる。さらにマレシックはワーキングマザーを例にとって、一日中、企業の仕事と育児・家事の仕事で埋め尽くされる「トータル・ワーク」が存在することも指摘する。

さてマレシックの住むアメリカから、私たちの生きる日本に、カメラのフォーカスを戻そう。今の日本は、どうだろうか。ワーク・ライフ・バランスだなんだと言われているが、はたしてトータル・ワークの世界観から抜け出すことができているだろうか。

たとえば2007年に内閣府が示した「仕事と生活の調和（ワーク・ライフ・バランス）憲章」において、このような一文が存在する。

個人の持つ時間は有限である。仕事と生活の調和の実現は、個人の時間の価値を高め、安心と希望を実現できる社会づくりに寄与するものであり、「新しい公共」※の活動等への参加機会の拡大などを通じて地域社会の活性化にもつながるものである。また、就業期から地域活動への参加など活動の場を広げることは、生涯を通じた人や地域とのつながりを得る機会となる。

※「新しい公共」とは、行政だけでなく、市民やNPO、企業などが積極的に公共的な財・サービスの提供主体となり、教育や子育て、まちづくり、介護や福祉などの身近な分野で活躍することを表現するもの。

一見、これは仕事と生活の両立を目指す理想論に見えるかもしれない。しかしよく読めば、実は有限な個人の時間を、うまく「仕事」と「生活」に割り振ることで、「地域社会への貢献」を果たしてくれ、と書いているのだ。

これについて、青野桃子は「政策的に『活用』される自由時間　シリアスレジャーのあやうさ」（前掲『「趣味に生きる」の文化論』所収）において、日本では個人の自由時間を主体的に活用し、社会福祉の問題に対応するように政策的に強いられている傾向が背後にある、と指摘する。

つまり政府は、かつての体を休めるための余暇を、個人の地域社会参加に使える自由時間と読み替えたのだ。

たしかに実際、どんどん労働と余暇の境界が曖昧になっている人は多いだろう。副業も推奨され、実際にはじめる人の数も増えている。だがその末にあるのは、なにもかも個人で頑張らなくてはいけない社会ではないのか。つまり仕事も家事も生活も、個人の裁量で、「有限」な個人の時間を割り振ってやるべきだとされている。しかし、仕事はいまだに、なにより時間を使うべきだとされる「トータル・ワーク」の長時間労働の社会で。

『疲労社会』が指摘したように、私たちは自ら仕事を頑張ろうとしてしまう社会に生きている。仕事で自己実現を果たしている人が、キラキラしているように見えてしまう。しかし一度仕事を頑張ろうとすると、仕事はトータル――つまりあなたの「全身」のコミットメントを求める。仕事はできる限り仕事に時間を費やすことを求めてくる。現代社会は、働くことのできる「全員」に「全身」の仕事へのコミットメントを求めている。

ならばトータル・ワーク社会に生きていること、そしてだからこそ本を読む気力が奪われてしまうことを、私たちはまず自覚すべきではないだろうか。

「全身」を求められる私たち

さらに言えば、トータル・ワーク文化が適用されるのは仕事だけではない。資本主義社会においては、すべてが「全身」のコミットメントを求めてくると指摘したのは、アメリカ現代美術研究者のジョナサン・クレーリーの『24/7―眠らない社会』だった。同書は市場が24時間動き続け、昼も夜もなく私たちを誘惑し続けることを批判する。睡眠を削って消費することを求める社会。それが現代なのだとクレーリーは説く。

そう、もう資本主義は、仕方がないのである。

常に、資本主義は、「全身」を求める。

私たちは、時間を奪い合われている。そう言うと「たしかに」と納得する人も多いだろう。

会社は労働者に対して「仕事に24時間費やしてほしい」と思うものだし、家庭は配偶者に対して「育児や家事や介護に24時間費やしてほしい」と思うものだし、あるいはゲーム会社は消費者に対して「ゲームに24時間費やしてほしい」と思うものだし、あるいは作家は読者に対して「読書に24時間費やしてほしい」と思うものだ。

全身、コミットメントしてほしい。――それが資本主義社会の、果てしない欲望なのだ。

そして『疲労社会』や『なぜ私たちは燃え尽きてしまうのか』が言うとおり……現代を生き

ている私たちも、まずはこれを認めることからはじめよう。

全身、コミットメントするのは、楽である、ということを。

「何を言っているんだ、全身全霊で仕事をするなんて疲れるし大変に決まってるじゃないか、楽なんかじゃない」と怒る人もいるかもしれない。しかしあなたは考えたことがないだろうか。育児に追われず、仕事にだけ24時間費やせたら、どんなに楽だろう？　いや、仕事なんかせずに、家事に24時間費やせたら、どんなに楽だろう？　いや、家事も仕事もせずに、ゲームに24時間費やせと言われたら、どんなに楽だろう？　いやいや、家事も仕事もせずに、読書だけに24時間費やせと言われたら……どんなに楽しいだろう……。

ぶっちゃけそう思うときもある。全身全霊のコミットメントは、何も考えなくていいから、楽だ。達成感も得やすいし、「頑張った」という疲労すら称賛されやすい。頑張りすぎるのは少しかっこいいし、複雑なことを考えなくていいという点で楽だ。

――ふざけるな、育児に24時間費やすのがどれだけ大変か、仕事に24時間費やせと言われた人の気持ちが分かるのか、引きこもってゲームしかできない24時間の辛さを知らないのか。そう怒られるかもしれない。

しかし私はやっぱり、あえて言いたい。全身、自分の文脈をひとつに集約させた何かにコミットメントするのは、楽なのだ。

「全身全霊」を褒めるのを、やめませんか

だが本も読めない働き方——つまり全身のコミットメントは、楽だが、あやうい。

なぜなら全身のコミットメントが長期化すれば、そこに待っているのは、鬱病であるからだ。それは今まで参照してきたとおり『疲労社会』や『なぜ私たちは燃え尽きてしまうのか』といった先例が教えてくれている。過剰な自己搾取はどこかでメンタルヘルスを壊す。

あるいは、もし個人が鬱病にならずに済んだとしても、社会全体で見ればたとえば長時間労働が少子化の原因のひとつになっていることは明らかにされている。[*1]そう、つまりは仕事に全身のコミットメントを果たすことは、たとえば家庭にコミットメントできないという結果を招く。あるいはゲームをしていたら仕事に身が入らなかった経験はあなたにもあるかもしれない。また、仕事に全身コミットメントすることは、一緒に住んでいる他人によるケアを必要とする場合が多い。あるいは一人暮らしでも、仕事に全身全霊の人が、疲れすぎて部下にパワハラしていたなんて話はしばしば聞く。

全身のコミットメントは、現代においては、他者によるケアを必要としたり、社会全体で見

ると不利益になることが多いのだ。

もちろん何に自分をコミットメントさせるか——有限な時間をどう使うかは、個人の自由だ。仕事に使ってもいいし、育児に使ってもいいし、趣味に使ってもいい。それは当然、個人が決めるべきことだ。人はどんな文脈に思考と身を委ねるか、自由に決められる。

しかし一方で、ひとつの文脈に全身でコミットメントすることを称揚するのは、そろそろやめてもいいのではないだろうか。

つまり私はこう言いたい。

サラリーマンが徹夜して無理をして資料を仕上げたことを、称揚すること。

お母さんが日々自分を犠牲にして子育てしていることを、称揚すること。

高校球児が恋愛せずに日焼け止めも塗らずに野球したことを、称揚すること。

アイドルが恋人もつくらず常にファンのことだけを考えて仕事したことを、称揚すること。

クリエイターがストイックに生活全部を投げうって作品をつくることを、称揚すること。

——そういった、日本に溢れている、「全身全霊」を信仰する社会を、やめるべきではないだろうか？

半身こそ理想だ、とみんなで言っていきませんか。

それこそが、「トータル・ワーク」そして「働きながら本が読めない社会」からの脱却の道だからである。

「半身社会」こそが新時代である

半身のコミットメントこそが、新しい日本社会つまり「働きながら本を読める社会」をつくる。本書の提言はここにある。

たとえば本を読むことだって、当然ではあるが、半身の取り組みでいいのである。社会で生きて、仕事したり家事をしたりするなかで気づいたことが、読書の役に立つ。現代では「にわか」つまり半身のコミットメントをする人は趣味の世界においても嫌われがちだが、私は「にわか」でなにが悪いんだと心から思っている。全身のコミットメントを趣味に求めていると、どこかで均衡を崩す日がやってくる。それはちょうど、映画『花束みたいな恋をした』の麦と絹が、文化的な趣味に「全身」浸りすぎて、わずかでも浸れなくなった瞬間、うまくいかなくなったように。

麦だって、働きながらイラストを描けばよかったのに、と私は今も思っている。もちろん社会人1、2年目は無理かもしれない。忙しいかもしれない。しかし仕事に慣れて数年経って、きっとイラストを再開するタイミングができたはずだ。それのなにが悪いのだろう。イラストレーターになるためには、覚悟を持って全身全霊で頑張らなくてはいけない、なんて誰が決めたのだろう。

仕事も同じだ。

なぜ正社員でいるためには週5日・1日8時間勤務＋残業あり、の時間を求められるのだろう。それは仕事に「全身」を求められていた時代の産物ではないのか。そのぶん、家事に「全身」をささげていた人がいたからできたことではないのか。今の時代に、「半身」――週3日で正社員になることが、なぜ難しいのだろう。

もちろん何かに全身全霊を傾けたほうがいいタイミングは、人生のある時期には存在する。しかしそれはあくまで一時期のことでいいはずだ。人生、ずっと全身全霊を傾けるなんて、そんなことを求められていては、疲労社会は止まらないだろう。

私たちは、そろそろ「半身」の働き方を当然とすべきではないか。

いや、働き方だけではない。さまざまな分野において、「半身」を取り入れるべきだ。「全身」に傾くのは容易だ。しかし「全身」に傾いている人は、他者にもどこかで「全身」を求めたくなってしまう。「全身」社会に戻るのは楽かもしれない。しかし持続可能ではない。そこ

「全身」と「半身」の比較

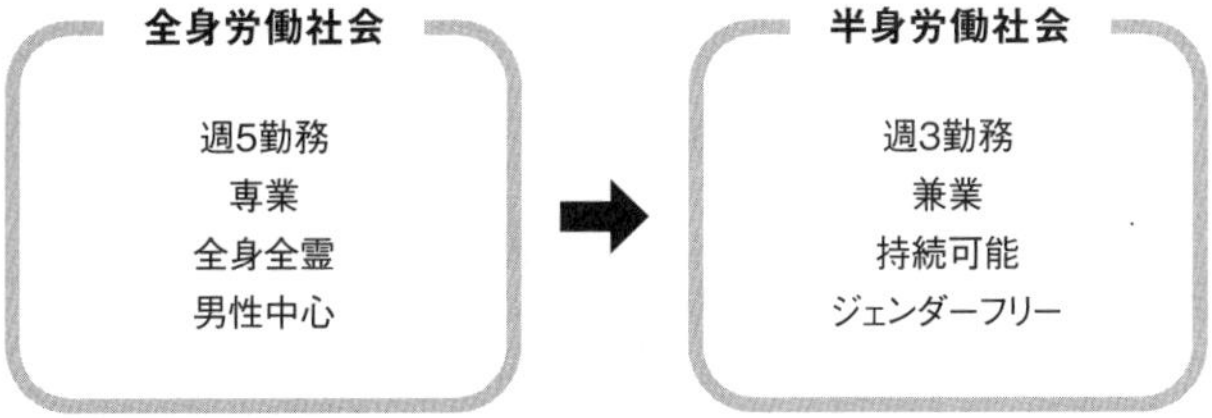

に待ち受けるのは、社会の複雑さに耐えられない疲労した身体である。

「半身」とは、さまざまな文脈に身をゆだねることである。読書が他者の文脈を取り入れることだとすれば、「半身」は読書を続けるコツそのものである。

仕事や家事や趣味や——さまざまな場所に居場所をつくる。さまざまな文脈のなかで生きている自分を自覚する。他者の文脈を取り入れる余裕をつくる。その末に、読書という、ノイズ込みの文脈を頭に入れる作業を楽しむことができるはずだ。

それは決して、容易なことではないかもしれない。複雑なことかもしれない。しかし私たちは、その複雑さを楽しめるはずだ。

私たちは、さまざまな文脈に生かされている。仕事だけに生かされているわけじゃない。

読書は、自分とは関係ない他者を知る文脈を増やす手段である。

だからこそ、「半身」で働こう。

そして残りの「半身」を、ほかのことに、使おう。

「全身」で働けない人は、「半身」でいいよ、というような言い方をするのではなく。みんなが「半身」で働ける社会こそが「働きながら本を読める社会」につながる。

たとえば、こんな働き方はどうだろうか。従来の日本企業は、「全身」で働く少数の男性正規雇用者に固定費用をかけ、バッファとしての残業代を支払っていた。しかしこれからの日本は、「半身」で働くたくさんの多様な人々に残業代なしで働いてもらうことが重要ではないだろうか。同じ仕事をこなすにしても、「全身」の男性雇用者5人の仕事量より、「半身」の人種も年齢もジェンダーも多様な10人の仕事量を求めたほうが、ドロップアウト＝過労による鬱や退職を防げるのではないだろうか。

そう、「全身」は過去のものだ。「半身」社会こそが、「働きながら本を読める社会」をつくる、私たちが望むべき新しい生き方なのである。

半身社会を生きる

最後に、『疲労社会』でハンが引いたこの言葉を、私も引きたい。

君たちはみんな、激務が好きだ。速いことや、新しいことや、未知のことが好きだ。——君たちは自分に耐えることが下手くそだ。なんとかして君たちは自分を忘れて、自分自身から逃げようとしている。

もっと人生を信じているなら、瞬間に身をゆだねることが少なくなるだろう。だが君たちには中身がないので待つことができない——怠けることさえできない！

どこでもかしこでも、死を説く者の声が聞こえる。この地上には、死を説かれる必要のある連中が、いっぱいいる。

（フリードリヒ・ニーチェ『ツァラトゥストラ』）

「全身」でひとつの文脈にコミットメントすることは、自分を忘れて、自我を消失させて、没頭することである。

そういう瞬間が、楽しいこともあるだろう。楽なこともあるだろう。私もそうだから、すごくよく分かる。すぐに忙しくしたがるし、ひとつのことだけ頑張れたらどんなに楽だろう、仕事だけしていていいならどんなに、とよく思う。反対に、読書だけしていい日常だったら、どんなに楽しかっただろう、とよく夢想する。自分のことなんか忘れちゃいたい、没頭してたい。すっごくよく分かる。

しかしニーチェは首を振る。そんなのは人生を信じていないのだ、と。

人生を信じることができれば、いつか死ぬ自分の人生をどうやって使うべきか、考えることができる。

瞼《まぶた》を開けて、夢を見る。いつか死ぬ日のことを思いながら、私たちは自分の人生を生きる必要がある。だからこそニーチェは「自分を忘れるために激務に走るな」と言うのだ。

自分を覚えておくために、自分以外の人間を覚えておくために、私たちは半身社会を生きる必要がある。

疲れたら、休むために。元気が出たら、もう一度歩き出すために。他人のケアをできる余裕を、残しておくために。仕事以外の、自分自身の人生をちゃんと考えられるように。他人の言葉を、読む余裕を持てるように。私たちはいつだって半身を残しておくべきではないだろうか。

働きながら本を読める社会。

それは、半身社会を生きることに、ほかならない。

といっても、具体的な「半身社会」の実現のためのステップは本書で書けるところではない。

これはあくまで、あなたへの提言だ。具体的にどうすれば「半身社会」というビジョンが可能なのか、私にもわからない。

だからこそ、あなたの協力が必要だ。まずはあなたが全身で働かないことが、他人に全身で働くことを望む生き方を防ぐ。あなたが全身の姿勢を称賛しないことが、社会の風潮を変える。本書が提言する社会のあり方は、まだ絵空事だ。しかし少しずつ、あなたが半身で働こうとすれば、現代に半身社会は広がっていく。

半身社会は、旧来の全身社会よりも、複雑で面倒だろう。

半身社会は他人との協力が不可欠だし、自分の調整も常に必要だ。どうしてもさまざまな文脈を許容する面倒さが存在してしまう。誰かと関わるのは大変だし、いろんなトピックに頭を使うのは苦労するかもしれない。なにより仕事をしながら本を読むなんて、面倒臭いかもしれない。いろんな文脈を知ることは、複雑で耐えられないことかもしれない。

でも、それでも私はあなたと半身社会を生きたい。それは自分や他人を忘れずに生きる社会だからだ。仕事とケア、あるいは仕事と休息、あるいは仕事と余暇が、そして仕事と文化が両立する社会だからだ。

半身社会とは、複雑で、面倒で、しかし誰もバーンアウトせずに、誰もドロップアウトせずに済む社会のことである。まだ絵空事だが、私はあなたと、そういう社会を一歩ずつ、つくっていきたい。

働きながら本を読める社会をつくるために。

半身で働こう。それが可能な社会にしよう。

本書の結論は、ここにある。

あとがき　働きながら本を読むコツをお伝えします

最後に、ここまで読んでくださったあなたに、私から「働きながら本を読むコツ」をお伝えしたいと思います。

「まえがき」で書いたとおり、私は働きながら本が読めない自分にショックを受けました。しかしコロナ禍がやってきて、少し時間の余裕ができたとき、自分の本の読み方を変えてみたのです。その結果、読んで書く仕事を続けられるくらいには、本が読めるようになりました。

〈働きながら本を読むコツ〉

① 自分と趣味の合う読書アカウントをＳＮＳでフォローする

働いていると「次に読みたい本」が見つからなくなる、ということが重大な危機です。まずは読みたい本を見つけるために、定期的に面白そうな本の情報を呟《つぶや》いているアカウントを追いかけておきましょう。自分の好きな作家や好きな作品でＳＮＳやブログを検索し、そこから趣味の合う読書アカウントや読書ブロガーを見つけるのです。そしてフォローしておくことで、忙しくなったときもとりあえず「次に読みたい本」が流れてくる環境をつくることができればベストですね。

② iPadを買う

これは個人的に革命でした。iPadは寝っ転がっても、立ちっぱなしの電車のなかでも、どんな体勢でも読みやすいのです。紙の本より、隙間時間で読むことに適している媒体がiPadです。スマホでも電子書籍は読めますが、やはり少し文字が小さくて読みづらい。その点iPadは文字も大きく画面も光るので読みやすい。机に向かって本を開かなくても本が読める、そんな環境のためにiPadをおすすめします。ちなみにiPadにはSNSアプリを絶対に入れないことが鉄則です。通知が来たら気になってしまうので、SNSの通知が来ないような状況にしましょう。

③ 帰宅途中のカフェ読書を習慣にする

飲み会のない平日夜、用事がない日は、カフェに寄って読書するのが私の楽しみでした。

外食でもいいですし、コーヒーでもいいですし、ファストフード店でもいいですし、とにかく何か飲んだり食べたりしながらゆっくり本を読むことは、なんだかんだ癒やされます。よく働きながら資格勉強している人が「とにかくファストフード店に帰宅途中で寄ってそこで勉強する」と言いますが、これと同じ理屈ですね。店に寄ることでここにいる間は読書の時間と決めてしまって、癒やされる趣味の時間、と区切るのはおすすめです。

④書店へ行く

なんだかんだ書店に行くと、「うわー本を読みたい」という気分になります。書店が自分の住む街の近くにある方は、書店に足を運んでみてください。意外と書店は行くだけで気分が上がるものですよ。

⑤今まで読まなかったジャンルに手を出す

結構私はこれが良かったです。学生時代は小説やエッセイを中心に読んでいたのですが、社会人になって「おお、ビジネス書が面白く読める！」「海外のビジネス構造の解説をした本が面白い！」など、働いたことで読める本の幅が広がった事実に感動しました。働き出して環境が変わったとき、実はそれまで読んでいた本になんとなく飽きているだけなのかもしれません。なら働いている今の自分にフィットする本はどんな分野なのだろう？　思い切ってノンフィクション？　今まで読まなかった新書？　自己啓発書も案外良いかも？　などほかのジャンルに手を出してみることもおすすめです。ぜひ書店でいろんなジャンルの棚を眺めてみてください。

⑥　無理をしない

本が読めなくなったときは、「まあ一時的に疲れてるのかもしれない。今は休もう」と思うことは、案外、かなり重要だと私は思っています。いつでもどこでも本を読まなきゃいけないわけじゃない。また、読みたくなったら、読めばいいいんです。だから休みたいときは休んで、また元気が出たら読みましょう。私はいつでもあなたの読書を待っています！

小手先の技術ではありますが、こんなふうに私は本を読んできました。あなたの読書ライフの一助になれたら嬉しいです。あなたの読書を私はいつも応援しています！

さて、「あとがき」なので、少しだけ個人的な話を。

私が新卒で入社した会社は、人々の「働くこと」をサポートするような会社でした。私が会社で働いていた期間は、ちょうどコロナ禍とかなり重なっていて、たとえばいきなり労働環境が苛酷になったり、あるいは賃金を減らされたりする人にたくさんインタビューする業務をおこなっていました。そのなかで私は日本人の働き方にかなり大きな「?」とともに興味を持っていました。その経験がまわりまわってこんな本になって世に出たのです。会社に勤めてみるものですね。働くことは、新しい扉を開いてくれる。それもまた働くことの、大きな側面のひとつでもあるのだろうな、と今の私は思っています。

私は最終章で「全身全霊で働くことをやめよう」と書きました。

でもこれはたぶん、人に言っているように見えて、自分自身に語りかけているんです。(こんな本を書いておいて言うのもなんですが)私自身は、働くの、めっちゃ好きです。働いていると、自分の興味の幅も広がるし、プライベートでは知り合えないような他人とも出会えるし、なにより自分の仕事が形になることが楽しい。今の日本の平均値からすると、働くの、めっちゃ好きなほうなんだと思います。

でもだからこそ、「全身全霊で働くことを美化したくない」と心から思っています。

だって全身全霊で働けているのは、家族のサポートがあったり、たまたま体力が今はあったり、運良く環境が揃っているからです。全身全霊で働くことを美化していると、いつか全身全霊で働けなくなったとき――それは自分が病気をしたりあるいは家族のケアが必要になったりいろんな事情があると思うのですが――なんだか「全身全霊で働けないやつなんて、だめだ」と考えそうじゃないですか。

そんなの、嫌なんです。働くの、けっこう好きだからこそ、言いたいんです。仕事なんて、所詮仕事だよ！と。自分に言い聞かせたい。

書く仕事はとっても好きだし、ずっと続けたいし、なにより読んでもらえるなら全力でいいものを書きたい。だけど一方で、書く仕事を全身全霊でできなくなった日が来ても、自分を否定したくない。仕事は仕事だから。

仕事に人生を奪われたら、だめだ、と思います。まあ、仕事、熱中しちゃうんですけどね。好きだから。でもそれが偉いことみたいに、思いたくない。仕事に熱中しない自分を、否定したくない。

そういう未来の自分への忠告を書き残しておきたくて、本書を書いたのかもしれない。そう、今は思っています。

そしてあわよくば、本書を読んだ皆さんに、ぜひ日本の働き方について真剣に考えて議論してほしいです。私は真剣に、少子化対策も、日本経済の復活も、「半身で働く」ことからはじまると思っています。

働き方、変えませんか。変えましょう。半身の働き方が普通になる未来が来ることを、私は心から願っています。そして働きながら本が読める社会になりますように。

さて、労働と読書をめぐる旅路もそろそろ終わりがやってきました。

本書は多くの方々のお力添えによって完成しました。この場を借りて皆さんに感謝をお伝えします。

集英社の編集者の吉田隆之介さん。「読書論を書きませんか？」というお声がけからかなり経ち、想像以上に長い航海になってしまい申し訳なかったのですが、吉田さんが原稿をいつも待ってくださったので本書を書き上げることができました。お互い働きすぎないようにしましょう。

また素敵な帯のイラストを描いてくださったヤギワタルさん。本書はヤギさんのイラストで完成されました！

現代日本の労働環境についてさまざまな意見を交わし合った友人たち。育児と仕事の両立、新自由主義的働き方、さまざまな働き方についてのご教示をいただき、話すなかで着想を得た部分がたくさんあります。また兼業を許してくれた元勤務先の会社の皆様にも心から感謝しています。本当に、みんながヘルシーに働ける世の中を私は目指したいです……。

そして、SNSを通して連載を応援してくださった読者の皆様。思いがけない反響の大きさに何度も勇気づけられ、「この本を絶対に世に出すぞ」と連載の感想ツイートを見ながら勝手に勇気をもらっていました。

最後に、いつもお世話になっている書店員の皆様。数人の書店員の方から「あの連載、いつ本になります？」と聞いてもらい本当に励まされました。

なにより、「働いていると本が読めない！」と嘆いていた会社員のころの私を救ってくれたのは、たくさんの素敵で偉大な書店たちでした。書店に行くと私はいつも本が読みたくなります。いつだって書店にはたくさんの次に読みたい本が並んでいます。その環境が当たり前ではないと知っています。

ひとりでも多くの人に、書店へ足を運んでもらいたい。

だから私は、働きながら本を読める社会をつくりたいのです。

素敵な書店がこんなにたくさんある社会が、これからも続いていくように。

働きながら本を読める社会を、つくっていきましょう。

２０２３年12月　ChatGPTが流行語になった年の瀬に

註・参考文献一覧

註

第一章

＊1　さらに武田は『仕事と日本人』のなかで、あるフランス人が大阪の都市の印象を1897年時点で「人々はせわしげに動き周り、駆け回るばかりだ」と感じていたことを紹介している。

＊2　「明治三十八（一九〇五）年の鐘紡中島工場（大阪）の読書室には、『成功』や『太陽』、『工業之大日本』と並んで『実業之日本』が置かれていた。鐘紡では、『職工の徳性の涵養事業』として、従業員を精神面でも教育するために、読書室の設置のほか説諭に説教、礼儀作法の教育など、さまざまな取り組みが行われていた」（大澤絢子『「修養」の日本近代』）

第二章

＊1　鈴木貴宇は『〈サラリーマン〉の文化史』で『日本のサラリーマン』（松成義衛・田沼肇・泉谷甫・野田正穂、青木書店、1957年）を引用し、この意見を「従来の解釈」としている。

第五章

＊1　TikTokで紹介されたことで本が売れることが批判的に語られる風潮については、飯田一史「書評家が本紹介TikTokerけんごをくさし、けんごが活動休止を決めた件は出版業界にとって大損害」（https://news.yahoo.co.jp/byline/iidaichishi/20211211-00272115、２０２１年12月11日更新）に詳しい。

最終章

＊1　中井紀代子「少子化問題と家族政策」、「共栄学園短期大学研究紀要」24号、２００８年、守部晴香・筒井亮太・平野慶・水野七帆「労働時間が出生率に与える影響」ISFJ2015最終論文、２０１５年ほか、さまざまな研究が同様のことを指摘する。

参考文献一覧

阿部真大『搾取される若者たち―バイク便ライダーは見た！』集英社新書、２００６年
雨田英一「近代日本の青年と『成功』・学歴―雑誌『成功』の『記者と読者』欄の世界」、「学習院大学文学部研究年報」35号、１９８９年
荒川葉『「夢追い」型進路形成の功罪―高校改革の社会学』東信堂、２００９年
安藤政吉『国民生活費の研究』麹町酒井書店、１９４４年
石田光規『産業・労働社会における人間関係―パーソナルネットワーク・アプローチによる分析』日本評

論社、２００９年
糸井重里『インターネット的』ＰＨＰ新書、２００１年
稲田豊史『映画を早送りで観る人たち―ファスト映画・ネタバレ――コンテンツ消費の現在形』光文社新書、２０２２年
岩木秀夫『ゆとり教育から個性浪費社会へ』ちくま新書、２００４年
岩城之徳解説、今井泰子注釈『日本近代文学大系23　石川啄木集』角川書店、１９６９年
岩崎三郎・林三平・幸田三郎「都市における成人講座受講者の学習行動に関する一考察―新宿区における事例調査」、「青山學院女子短期大學紀要」30号、１９７６年
岩瀬彰『「月給１００円サラリーマン」の時代―戦前日本の〈普通〉の生活』ちくま文庫、２０１７年
上田修一「大人は何を読んでいるのか―成人の読書の範囲と内容」、「日本図書館情報学会研究大会発表論文集」65号、２０１７年
植田康夫「〈円本全集〉による『読書革命』の実態―諸家の読書遍歴にみる」、「出版研究」14号、１９８３年
宇佐見りん『推し、燃ゆ』河出書房新社、２０２０年
歌川光一「カルチャーセンター研究史―生涯学習・社会教育研究における趣味講座の位置づけをめぐる試論的考察」、「生涯学習・社会教育学研究」33号、２００８年
歌川光一「重兼芳子における芥川賞受賞とカルチャーセンター―女性の教養をめぐる戦後教育史上の課題」、「学苑」９５２号、２０２０年

大内兵衛・茅誠司ほか『私の読書法』岩波新書、1960年
大河内一男編『国民生活の課題』日本評論社、1943年
大澤絢子『「修養」の日本近代―自分磨きの150年をたどる』NHKブックス、2022年
大沢真知子「日本の労働時間の課題と解決のための方向性」、「労働調査」491号、2010年
大城亜水「近代日本における労働・生活像の一断面―安藤政吉論ノート」、「経済学雑誌」117巻1号、2016年
大塚英志「〈母性〉との和解をさぐる　萩尾望都の葛藤」、「AERAMook　コミック学のみかた。」朝日新聞社、1997年
大橋照枝「ニューライフデザイン（8）ライフスタイルの『拡大志向』高まる女性ニューシングル」、「繊維製品消費科学」31巻4号、1990年
小熊英二『日本社会のしくみ―雇用・教育・福祉の歴史社会学』講談社現代新書、2019年
小澤考人「近代日本における『余暇』の問題構成」、「ソシオロゴス」27号、2003年
小田光雄『書店の近代―本が輝いていた時代』平凡社新書、2003年
鹿島あゆこ「『時事漫画』にみる『サラリーマン』の誕生」、「フォーラム現代社会学」17号、2018年
加藤周一『読書術』岩波現代文庫、2000年
熊沢誠『日本的経営の明暗』筑摩書房、1989年
黒田祥子「生活時間の長期的な推移」、「日本労働研究雑誌」52巻6号、2010年
黒田祥子「日本人の余暇時間―長期的な視点から」、「日本労働研究雑誌」54巻8号、2012年

黒田祥子「日本人の労働時間は減少したか?――1976―2006年タイムユーズ・サーベイを用いた労働時間・余暇時間の計測」ISS Discussion Paper Series J-174、2009年
源氏鶏太『英語屋さん』集英社文庫、2018年
小平麻衣子『夢みる教養―文系女性のための知的生き方史』河出書房新社、2016年
権田保之助『権田保之助著作集』第1巻、学術出版社、2010年
斎藤美奈子『日本の同時代小説』岩波新書、2018年
坂口安吾『坂口安吾全集13』筑摩書房、1999年
坂元裕二『花束みたいな恋をした』リトルモア、2021年
さくらももこ『そういうふうにできている』新潮社、1995年
佐藤卓己『現代メディア史　新版』岩波書店、2018年
サミュエル・スマイルズ著、中村正直訳『西国立志編』講談社学術文庫、1981年
澤村修治『ベストセラー全史【近代篇】』筑摩選書、2019年
澤村修治『ベストセラー全史【現代篇】』筑摩選書、2019年
塩原亜紀「所蔵される書物―円本ブームと教養主義」、「横浜国大国語研究」20号、2002年
重兼芳子『女の人生曇りのち晴れ』主婦と生活社、1984年
司馬遼太郎『坂の上の雲〔新装版〕』全8巻、文春文庫、1999年
司馬遼太郎『竜馬がゆく〔新装版〕』全8巻、文春文庫、1998年
清水一彦「『若者の読書離れ』という〝常識〟の構成と受容」、「出版研究」45号、2014年

ショウペンハウエル著、斎藤忍随訳『読書について 他二篇』岩波文庫、1960年
ジョナサン・クレーリー著、岡田温司監訳、石谷治寛訳『24/7─眠らない社会』NTT出版、2015年
ジョナサン・マレシック著、吉嶺英美訳『なぜ私たちは燃え尽きてしまうのか─バーンアウト文化を終わらせるためにできること』青土社、2023年
菅山真次『「就社」社会の誕生─ホワイトカラーからブルーカラーへ』名古屋大学出版会、2011年
鈴木貴宇『〈サラリーマン〉の文化史─あるいは「家族」と「安定」の近現代史』青弓社、2022年
瀬沼茂樹『本の百年史─ベスト・セラーの今昔』出版ニュース社、1965年
竹内洋『教養主義の没落─変わりゆくエリート学生文化』中公新書、2003年
竹内洋『立志・苦学・出世─受験生の社会史』講談社学術文庫、2015年
竹内洋『立身出世主義─近代日本のロマンと欲望〔増補版〕』世界思想社、2005年
武田晴人『仕事と日本人』ちくま新書、2008年
谷崎潤一郎『痴人の愛』新潮文庫、1947年
谷口浩司「社会学と日本人論─『社会と個人』再考」、「社会学部論叢」21号、1987年
谷原吏「サラリーマン雑誌の〈中間性〉─1980年代における知の編成の変容」、「マス・コミュニケーション研究」97号、2020年
谷原吏『〈サラリーマン〉のメディア史』慶應義塾大学出版会、2022年
田端信太郎『これからの会社員の教科書─社内外のあらゆる人から今すぐ評価されるプロの仕事マインド

71』ＳＢクリエイティブ、２０１９年
俵万智『サラダ記念日』河出書房新社、１９８７年
筒井清忠『日本型「教養」の運命―歴史社会学的考察』岩波書店、１９９５年
東畑開人『心はどこへ消えた？』文藝春秋、２０２１年
読書猿『独学大全―絶対に「学ぶこと」をあきらめたくない人のための55の技法』ダイヤモンド社、２０２０年
永田大輔・松永伸太朗・中村香住編著『消費と労働の文化社会学―やりがい搾取以降の「批判」を考える』ナカニシヤ出版、２０２３年
永嶺重敏『雑誌と読者の近代』日本エディタースクール出版部、１９９７年
永嶺重敏『〈読書国民〉の誕生―明治30年代の活字メディアと読書文化』日本エディタースクール出版部、２００４年
永嶺重敏「モダン都市の〈読書階級〉―大正末・昭和初期東京のサラリーマン読者」、「出版研究」30号、１９９９年
永嶺重敏『モダン都市の読書空間』日本エディタースクール出版部、２００１年
夏目漱石『三四郎』新潮文庫、１９４８年
夏目漱石『夏目漱石全集６』ちくま文庫、１９８８年
成田龍一『大正デモクラシー』岩波新書、２００７年
パオロ・マッツァリーノ『サラリーマン生態１００年史―ニッポンの社長、社員、職場』角川新書、２０

20年
間宏『経済大国を作り上げた思想―高度経済成長期の労働エートス』文眞堂、1996年
林恵美子「描写と裏切り―挿絵から読む『痴人の愛』」、「大妻国文」45号、2014年
速水健朗『自分探しが止まらない』ソフトバンク新書、2008年
久井英輔「戦後における読書行動と社会階層をめぐる試論的考察―格差の実態の変容／格差へのまなざしの変容」、「生涯学習・社会教育学研究」29号、2004年
ビョンチョル・ハン著、横山陸訳『疲労社会』花伝社、2021年
福間良明『「勤労青年」の教養文化史』岩波新書、2020年
福間良明『司馬遼太郎の時代―歴史と大衆教養主義』中公新書、2022年
福間良明『「働く青年」と教養の戦後史―「人生雑誌」と読者のゆくえ』筑摩選書、2017年
フリードリヒ・ニーチェ著、丘沢静也訳『ツァラトゥストラ』上巻、光文社古典新訳文庫、2010年
古谷綱武編『石川啄木集』上巻、新潮文庫、1950年
本田由紀『軋む社会―教育・仕事・若者の現在』双風舎、2008年
前田愛『近代読者の成立』岩波現代文庫、2001年
前田裕二『人生の勝算』幻冬舎、2017年
牧野智和『自己啓発の時代―「自己」の文化社会学的探究』勁草書房、2012年
牧野智和『日常に侵入する自己啓発―生き方・手帳術・片づけ』勁草書房、2015年
増田泰子「企業における『自己啓発援助制度』の成立」、「大阪大学教育学年報」4号、1999年

増田泰子「高度経済成長期における『自己啓発』概念の成立」、「人間科学研究」2号、2000年
松沢裕作『日本近代社会史―社会集団と市場から読み解く 1868―1914』有斐閣、2022年
三上敦史「雑誌『成功』の書誌的分析―職業情報を中心に」、「愛知教育大学研究報告教育科学編」61号、2012年
宮入恭平・杉山昂平編『「趣味に生きる」の文化論―シリアスレジャーから考える』ナカニシヤ出版、2021年
宮原誠一・室俊司「朝日カルチャーセンターと生涯教育」、「月刊社会教育」22巻1号、1978年
村上春樹『ノルウェイの森』上下巻、講談社文庫、2004年
村上龍『13歳のハローワーク』幻冬舎、2003年
山本勲・黒田祥子『労働時間の経済分析―超高齢社会の働き方を展望する』日本経済新聞出版社、2014年
山本武利『近代日本の新聞読者層』法政大学出版局、1981年
山本武利「戦前の新聞読者層調査」、「関西学院大学社会学部紀要」29号、1974年
横山源之助『日本之下層社会』教文館、1899年
ヨゼフ・ピーパー著、稲垣良典訳『余暇―文化の基礎』エンデルレ書店、1961年
レジー『ファスト教養―10分で答えが欲しい人たち』集英社新書、2022年
伊藤昌亮「〈特別公開〉ひろゆき論―なぜ支持されるのか、なぜ支持されるべきではないのか」WEB世

界、２０２３年３月11日、https://websekai.iwanami.co.jp/posts/7067
野崎俊一「男性の生涯学習」、『生涯学習研究ｅ事典』日本生涯教育学会、２００６年１月27日、http://ejiten.javea.or.jp/content8531.html
羽鳥好之「危機感からの創刊、そして読者層の拡大へ　座談会（１）」本の話、２０１４年４月９日、https://books.bunshun.jp/articles/-/1772
藤谷千明「大学全入時代の〈自称大学〉」、「YouTubeが大学になる（かもしれない）」第１回、集英社新書プラス、２０２３年７月25日、https://shinsho-plus.shueisha.co.jp/column/fujitani_youtube/23906

URLの最終閲覧日：２０２４年３月９日

三宅香帆（みやけ かほ）

文芸評論家。一九九四年生まれ。高知県出身。京都大学大学院人間・環境学研究科博士前期課程修了（専門は萬葉集）。著作に『(読んだふりしたけど）ぶっちゃけよく分からん、あの名作小説を面白く読む方法』『推しの素晴らしさを語りたいのに「やばい！」しかでてこない―自分の言葉でつくるオタク文章術―』『文芸オタクの私が教えるバズる文章教室』『人生を狂わす名著50』など多数。

なぜ働《はたら》いていると本《ほん》が読《よ》めなくなるのか

集英社新書一二一二B

二〇二四年 四 月二二日 第一刷発行
二〇二四年一〇月二一日 第九刷発行

著者……三宅《みやけ》香帆《かほ》
発行者……樋口尚也
発行所……株式会社集英社
東京都千代田区一ツ橋二-五-一〇 郵便番号一〇一-八〇五〇
電話 〇三-三二三〇-六三九一（編集部）
〇三-三二三〇-六〇八〇（読者係）
〇三-三二三〇-六三九三（販売部）書店専用

装幀……原 研哉
印刷所……大日本印刷株式会社 TOPPAN株式会社
製本所……加藤製本株式会社
定価はカバーに表示してあります。

ISBN 978-4-08-721312-6 C0236

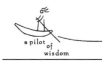